"이 책은 매우 좋았고, 이 책을 통해 병원 경영에 대한 많은 것을 배웠습니다. 흔히 우리는 병원 운영에 숫자와 의료 지식이 전부인 것으로 생각하지만, 실제로는 병원 운영에는 많은 것들이 필요하다는 사실을 인지하지 못하고 있습니다. 특히 회의를 진행하는 방법, 원활한 의사소통 방법, 팀의 가치 여부를 평가하는 방법, 고객 충성도를 구축하는 도구 등이 중요하고 이 책을 통해 이러한 내용에 대해 배웠습니다. 이제 이를 실천에 옮기고 행동에 옮길 차례입니다. 제가 배운 지식에 대해 매우 감사하게 생각합니다."

마르타 모스케라 미구엘레스

매니저 겸 수의사,

Centro Veterinario Wapití, 창가스, 폰테베드라, 스페인

"임상 수의사로서 의학과는 거리가 먼 주제에 관심이 없었는데, 이 과정은 매우 재미있고 완성도가 높았으며 경영에 대한 호기심을 일깨워 주었습니다."

호세 라몬 파신 루비오

로브레가트 수의사

아빙구다 수의사, 로브레가트 병원, 바르셀로나

“경영 교육을 시작하면서 영감을 주는 강좌와 기사를 조사하고, 읽고, 찾아보고 있었습니다. 교육 과정을 수강하고 싶지만 마음에 드는 강좌를 찾을 수 없었습니다. 그러다가 이 강좌를 만나고 나서야 자신이 찾던 것이 바로 이 강좌라는 것을 알게 되죠. 10점의 동기 부여로 시작해서 더 높은 점수로 마무리할 수 있었습니다. 저에게는 정말 좋았어요.”

아나 마리아 페레즈 파라
실무 관리자 CV 알만조라
베트파트너스(알메리아)

“이 과정을 처음 봤을 때 직업에 오랜 경력을 가진 사람에게 적합할지 의문이 들었지만 매우 만족스러웠다고 말하지 않을 수 없습니다. 보다 효율적인 관리를 위한 많은 도구를 배웠고, 병원과 팀의 일상적인 운영을 개선하는 방법에 대한 좋은 아이디어를 많이 얻었으며, 큰 변화를 가져올 몇 가지 기술과 방법을 구현할 수 있기를 기대하고 있습니다. 꼭 추천하고 싶습니다.

마리아 테레사 알바레즈 과르디아
매니저 겸 수의학 책임자
동물병원 알바코라 수의사, 하엔

“12년 동안 동물병원을 운영하면서 성장하면 할수록 더 어려워진다는 것을 잘 알고 있었습니다. 시간, 사람, 직업 활동을 관리하는 방법을 찾고 있었습니다. 습득한 지식을 통해 병원 경영에 경제적 성장을 이룰 수 있었고, 병원 관리와 직원을 평가하고 관리하는 방법을 터득하였으며, 제때에 결함을 진단하고 이 분야에 대한 교육 부족으로 인한 실수를 수정하는 방법을 터득하였습니다. 면접을 실시하거나 직원을 해고하는 가이드를 배웠고, 진료를 보다 체계적으로 진행하는 방법도 배웠습니다. 이 책은 서비스 및 클리닉의 요소와 행동에 대한 가격을 설정하는 데도 도움이 되었으며, 사람을 관리하는 방법도 배울 수 있게 해 주었습니다.”

이도이아 허보사 카르카모
수의학
에트셀라군 동물 병원

“이 과정에 참여한 것은 경제적 측면과 개인적 측면을 고려하여 결정하였지만, 끝나고 보니 동물 병원 관리에 대한 최상의 프로그램이였다는 것을 깨달았습니다. 이 과정을 통해 직업적 성장을 위한 기본 요소인 경영관리와 인사 관리에 대해 더 체계적으로 배울 수 있었습니다.

크리스티나 가르시아
수의학 데이 병원
위칸 세고비아

“시간이 부족하고 매일 해결되지 않는 수천 가지의 문제들로 인해 매일 수렁에 빠지게 된다는 것이 제가 첫 번째 에디션부터 이 과정에 등록하지 않았던 핑계였습니다. 다행히도 저는 지금 수강하기로 결정했습니다. 한편으로는 이미 알고 있었지만 적용하지 않았거나 적용했지만 다른 방식으로 적용했던 도구에 대한 좋은 검토를 할 수 있었고, 다른 한편으로는 사용하기 쉽고 큰 도움이 될 수 있는 NPS와 같은 새로운 도구에 대해 배웠기 때문에 큰 성공을 거두었습니다. 모든 직원들에게 고객과의 커뮤니케이션을 개선하는 방법에 대한 아이디어를 제공할 수 있다는 점이 큰 도움이 될 것으로 확신하며, 이는 의심할 여지 없이 불만을 줄이고 고객 만족도를 높이는 가장 좋은 방법 중 하나인 것 같습니다.

몬세 페렐로 콜라도
매니저
로브레가트 병원, 아빙구다 수의사, 바르셀로나

수강생들의 후기
동물 병원 경영 과정
(수의학 관리 아카데미)

이 도서는 **GESTIÓN DE CLÍNICAS VETERINARIAS**를 번역한 것이며, 동물 병원 경영 과정에 대한 온라인 교육 관련 정보는 **GRUPO ASIS BIOMEDIA S.L.** 문의해 주시기 바랍니다.

GESTIÓN DE CLÍNICAS VETERINARIAS

수의사를 위한

동물병원 경영 바이블

35개국 수의사들의 실전 성공 노하우

저자 Pere Mercader · Miguel Ángel Díaz

대표역자 현창백 VIP 동물의료센터 청담점

역자
강수현 VIP 동물의료센터 청담점
김동균 원주 누리 동물병원
김상민 오디세이 동물심장내과
김정우 군산더사랑동물병원
김진용 인천동물심장내과
박국태 대구 심장동물내과
박성수 일산 위케어동물의료센터
이바른 대구죽전동물의료센터
최서영 목동 상상동물병원
현창백 VIP 동물의료센터 청담점

(가나다순)

범문에듀케이션

edra

This edition of **GESTIÓN DE CLÍNICAS VETERINARIAS** is published by arrangement with **GRUPO ASIS BIOMEDIA S.L.**

Warning:
Veterinary science is constantly evolving, as are pharmacology and the other sciences. Inevitably, it is therefore the responsibility of the veterinary surgeon to determine and verify the dosage, the method of administration, the duration of treatment and any possible contraindications to the treatments given to each individual patient, based on his or her professional experience.
Neither the publisher nor the author can be held liable for any damage or harm caused to people, animals or properties resulting from the correct or incorrect application of the information contained in this book.

GRUPO asis
edra es un sello de Grupo Asís

Original version ISBN: 978-84-19156-86-0
Translated version ISBN: 979-11-5943-467-9

Publication Date in Korea: February 20, 2025
Translated by Panmun Education Co., Ltd
Printed in Korea

역자서문

새로운 시각과 실전 지혜를 담은 동물병원 경영 가이드

수의학은 단순히 동물의 생명을 돌보는 일만이 아닌, 팀을 이끌고, 환자와 보호자를 이해하며, 병원을 지속 가능하게 운영하는 폭넓은 지식을 요구하는 직업입니다. 번역 작업을 시작하며 저는 이 책이 단순한 경영서가 아닌, 전 세계 35개국에서 실제로 검증된 사례와 전략을 담고 있는 살아있는 지침서라는 점에서 큰 감명을 받았습니다.

GESTIÓN DE CLÍNICAS VETERINARIAS는 단순히 이론적 지식을 전달하는데 그치지 않고, 독자가 즉시 적용할 수 있는 실질적인 방법과 통찰을 제공합니다. 이 과정에서 리더십, 팀 관리, 재정적 통찰력, 고객 관계 강화 등 다양한 요소가 어떻게 조화를 이루어야 하는지에 대한 깊은 이해를 얻게 되었습니다.

이 책은 특히 다음과 같은 독자들에게 유익할 것입니다.
병원 운영 경험이 부족한 신진 수의사
현재 운영 방식의 개선점을 찾고 있는 병원 관리자
팀의 역량을 강화하고 조직문화를 개선하고자 하는 리더

번역 작업은 단순한 언어적 전환 이상이었습니다. 본 저자들의 문화적 배경과 실무 경험을 최대한 한국 독자들에게 친근하게 전달하고자 노력하였습니다. 또한 한국 수의학계의 현실에 맞는 표현과 사례를 추가로 보완하여 독자 여러분이 읽고 바로 적용할 수 있도록 하였습니다.

이 책이 수의학 전문가 여러분의 일과 경영에 새로운 가능성과 방향을 제시하기를 바랍니다. 여러분의 도전과 성공에 이 책이 작은 디딤돌이 되기를 진심으로 기원합니다.

2024년 가을
대표역자 현창백

저자서문

페레 메르카데르 메넨데스

페레는 아버지의 뒤를 이어 수의학을 공부했지만, 아주 어린 나이에 자신이 임상적으로 매우 서툴지만 숫자에 대한 재능이 있다는 것을 깨달았습니다. 그래서 다국적 동물 영양 회사에서 매우 화려한 시간을 보낸 후 반려동물 수의사가 되고 병원 경영에 대한 관심을 가지기 시작했습니다.

그 후 몇 년 동안 페레는 병원의 수익성을 올리는 방법, 진료 서비스에 대한 가격을 설정하는 방법, 직원들의 생산성을 높이는 방법에 대해 연구하고 강의하는 데 많은 노력을 하였습니다. 이러한 활동의 궁극적 목표는 수의사들이 노력한 만큼 더 나은 경제적 수익을 얻고, 그들의 노력에 대한 보상을 받을 수 있도록 하는 것이었습니다. 이 작업은 현재 그가 대부분의 시간을 할애하고 있는 수의학 분야 전문 데이터 분석 회사인 VMS를 설립하는 것으로 정점을 찍었습니다.

페레는 영어, 중국어, 이탈리아어로 번역된 『*동물병원을 위한 비즈니스 솔루션*(Servet, 2009)』의 저자이기도 합니다. 또한 4개 대륙 35개국 이상에서 수천 명의 수의사를 교육했습니다.

미구엘 앙헬 디아즈 디아즈(@hekam.ekim)**의 삽화**.

미구엘 앙헬 디아즈 산체스

미구엘 앙헬은 항상 수의학에 대한 열정을 가지고 있었습니다. 직업 경력 초기부터 그는 항상 학회와 교육 과정에 참석하고 다른 센터를 방문하여 배울 수 있는 방법을 찾았습니다.

가장 힘들었던 시기는 병원이 성장하여 24시간 병원이 되고 17명으로 구성된 팀을 관리해야 했을 때였습니다. 이 시기에 그는 팀원들을 코칭하면서 많은 것을 배웠습니다. 수년에 걸쳐 그는 자신이 *코칭*하는 회사에서 일하면서 병원 경영자, 임상 수의사, 강사 및 코치로 8년 이상 활동했습니다.

마침내 그는 병원을 팀에게 매각하고 동물병원 경영관리에 전념하여 리더십과 커뮤니케이션에 대한 교육과 코칭에 100% 전념하기로 결정했습니다.

그는 영어, 폴란드어, 중국어, 이탈리아어로 번역된 '임상 커뮤니케이션을 성공적으로 이끄는 *7가지 방법*(*7 claves para dirigir con éxito la clínica veterinaria*)'의 저자이며, 15개국 이상에서 천 명 이상의 전문가를 대상으로 임상 커뮤니케이션 교육을 진행한 '임상 커뮤니케이션을 위한 커스코데 하빌리다데스 데 코뮤니카시온 파라 클리니카스 베테나리아(Curso de Habilidades de Comunicación para Clínicas Veterinarias)의 공동 창업자이기도 합니다.

유럽, 아시아, 라틴 아메리카에서 수백 명의 수의사에게 리더십과 효과적인 커뮤니케이션을 교육하는 뉴웨이 코칭(www.newwaycoaching.es)의 디렉터입니다. 또한 국제 연설가이자 테드 토크 연설자이기도 합니다.

미구엘 앙헬(Pancho)은 보다 효과적이고 기억에 남는 재미있는 방식으로 소통하기 위해 개념과 아이디어를 이미지로 변환하는 방법에 대해 생각하는 *시각적 사고*를 좋아합니다. 그에게 날개를 달아주는 한 가지는 고객들이 매일 코칭 대화의 내용을 라이브로 캡처하도록 격려해 준다는 것입니다.

머리말

보스포러스 해협은 좋은 병원 관리에 대한 은유적 상징물 같은 곳이라서 우리는 이스탄불에서 찍은 이 사진을 항상 좋아합니다.

보스포러스 해협에는 아시아와 유럽처럼 서로 다르지만 동시에 특별하고 상호 보완적인 두 개의 세계, 두 대륙이 섞여 있습니다. 마찬가지로 수의학 센터 관리에서도 다음과 같은 점이 중요합니다. *소프트 스킬*(리더십, 팀 관리, 커뮤니케이션, 갈등 관리)과 *하드 스킬*(재무, 정량적 지표, 생산성, 가격 책정)은 종종 서로 완전히 분리된 상반된 영역으로 인식되는 두 가지 영역이 있습니다. 하지만 지난 수년간 35개국 이상에서 수천 명의 수의사를 코치해 본 결과, 양립할 수 없어 보이는 이 두 가지가 실제로는 분리될 수 없으며 성공적인 동물병원 경영을 위해 조화롭게 어우러져야 한다는 결론에 도달하게 되었습니다. 좋은 의도와 좋은 인간관계만으로는 좋은 의술을 펼칠 수 없듯이, 숫자만으로는 사람들의 마음에 다가갈 수 없습니다.

이 책에서 우리는 동물의료 센터의 트레이너와 비즈니스 어드바이저로서 각자의 전문 경력에서 최고의 것을 뽑아냈습니다. 미구엘 앙헬(판초)은 리더십, 자기 지식, 팀 관리, 커뮤니케이션, *피드백*, 인재 개발 등의 분야에서, 페레는 경영 지표, 재무 관리, 투자 분석, 가격 전략, 고객 연계 메트릭 분야에서 최고의 콘텐츠와 경험을 쏟아 부었습니다..... 또한 동물 센터 관리에 대한 고전적인 VMA 과정을 수강 한 수백 명의 학생들의 기여로 개선되고 풍부해진 콘텐츠는 공식 참조 텍스트가 될 것입니다.

저희를 믿고 따라준 수천 명의 동료 및 학생들과 함께 이 책을 집필하고 적용했던 것처럼 독자 여러분도 이 책을 즐겁게 읽으시길 바랍니다.

판초와 페레

차례

역자서문 vii
저자서문 viii
머리말 x

1 수의사로서의 커리어를 형성할 주요 결정 사항

소개 1
수행할지 말지, 그것이 문제입니다 2
진취적인 수의사가 많은 이유는 무엇인가요? 2
자체 클리닉 운영 여부 결정하기: 선택 기준 4
전문화할지 여부, 이것이 (두 번째) 질문입니다 6
엄격하고 매우 까다로운 교육 7
'자격을 갖춘' 전문가와 '경험에 따른' 전문가를 비교합니다 7
대형 전문 병원 및 의뢰 병원에서 일하기 7
물론 엄청난 연봉을 받지만 그에 상응하는 비용 청구가 수반됩니다 8
반짝인다고 해서 모두 금이 아니며, 모든 전문가가 동일한 수익을 창출하는 것은 아닙니다 8
훌륭한 전문가는 경력에서 성공하기 위해 사회적 기술도 필요합니다 8
독립 또는 그룹 클리닉에서 일하는 경우, 이것이 (세 번째) 문제입니다 9
이러한 그룹 중 한 곳에서 일하는 것이 좋은가요,
아니면 독립 센터에서 일하는 것이 더 좋은가요? 12
관리할지, 관리하지 않을지, 이것이 (네 번째) 질문입니다 13
클리닉을 '관리'한다는 것은 무엇을 의미하나요? 14
문제는 관리할지 말지가 아니라 누가 관리해야 하는가입니다 15
직업 생활에서 돈의 중요성 19
돈의 중요성 20
많은 돈을 버는 것은 종종 일을 잘한 결과입니다 20
전문성 이전에 역량과 열정의 수준 20
장거리 달리기 20

2 동물병원의 파트너, 직원, '원장'으로서의 자기 개발

소개 23
약점, 위협, 강점 및 기회 분석(SWOT) 24
어떻게 하면 더 나은 수의사가 될 수 있을까요? 25
신뢰의 힘 27
자신감 얻기 28
주변 사람들과의 신뢰 구축 30

선발 면접의 중요성 31
선발 면접을 잘 준비하는 것은 왜 중요한가요? 33
면접은 어떻게 진행되나요? 33
동물병원 첫 출근날 성공의 열쇠 38
동물병원에서 좋은 출발을 위한 5가지 핵심요소를 알고 계신가요? 39

3 동물병원의 재무 상태 모니터링

소개 45
동물병원의 재무 상태를 모니터링해야 하는 이유는 무엇인가요? 46
KPI란 무엇이며 어떻게 분석되나요? 50
병원 입원 환자의 건강 모니터링 52
수익 구성 분석 52
수익 추세 분석 56
가치/거래량 분석 57
건강한 동물병원을 위한 비용 모니터링 59
동물병원의 인건비 분석 59
판매 가능한 분당 수의학 비용 분석 61
동물병원의 일일 손익분기점 분석 62
직원들과 동물병원의 경제성을 논의하는 것: 옳은가, 그른가? 65

4 동물병원에서 올바른 경제적 의사 결정 내리기

소개 67
수의학 서비스 가격 책정 방법: 피해야 할 주요 실수 68
비용 기반 가격 책정 전략 68
가치 기반 가격 책정 전략 70
수의사가 저지르는 가장 흔한 가격 책정 실수 72
할인, 동물병원 수익성에 치명적인 바이러스 72
내 진료실에서 수의사에게 지불할 수 있는 금액을 계산하는 방법 75
제품 판매가 동물병원에 수익성이 있는지(그리고 얼마나 수익성이 있는지) 계산하는 방법 77
제품 판매 수익성 분석에 유용한 팁 78
동물병원을 위한 새로운 장비에 대한 투자를 분석하는 방법 79
투자의 NPV(또는 순현재가치) 80
투자 회수 기간 82
IRR 또는 내부 수익률 83
투자의 손익분기점 84

5 동물병원의 고객 중심: 만족도 및 충성도 측정

소개 87

***고객 생애 가치*(CLTV) 및 주요 고객 충성도 지표** 88

CLTV 방법론은 어떤 문제를 분석하나요? 89

고객 충성도 지표 92

활성 고객 수를 늘리려면 어떻게 해야 하나요? 94

고객 동결 95

우수한 불만 처리의 경제적 효과 96

고객 만족도를 측정하는 방법 97

수의학 동물병원에 적용된 *순 프로모터 점수*(NPS) 101

고객 중심: 측정 가능한 성과를 내는 철학 103

마지막 반론: 고객이 항상 옳은 것은 아닙니다 104

6 동물병원 보호자와의 성공적인 커뮤니케이션

소개 107

상담 시 원활한 의사소통의 중요성: 놀라운 사실과 오해 108

놀라운 사실 1 108

놀라운 사실 2 109

놀라운 사실 3 110

캘거리 캠브리지 가이드: 상담 시 보호자를 감동시키는 7단계 110

상담 시작하기 113

정보 수집 114

체계를 잡아주기 119

관계 구축 122

설명 및 계획 125

상담 종료 126

상담 시 보호자의 의심과 이의를 처리하는 방법 127

상담 시 보호자의 의심과 이의 제기를 처리하는 주요 단계 128

보호자 불만 처리 및 보호자 신뢰 회복 133

보호자가 불만을 제기하는 이유는 무엇인가요? 133

8단계로 불만 사항을 처리하는 방법 134

결론 137

7 동물병원에서의 높은 성과를 달성하는 팀이란?

소개 139

수의사의 생산성은 무엇에 달려 있나요? 141

생산성의 개념 141

수의사를 위한 재정적 인센티브:
좋은 아이디어일까요, 아니면 재앙으로 가는 길일까요? 144

좋은 *피드백*을 주고받는 방법 148

4사분면 이론 150

*피드백*의 차원 152

비즈니스 회의를 구성하는 방법과 회의에서 행동하는 방법 157

회의 준비 159

회의 주도 또는 진행 160

회의의 어려움 162

회의 종료 164

회의 후속 조치 165

8 리더쉽

소개 167

미션, 비전 및 가치를 사례로 보여주는 방법 168

비전 성명서 170

사명 선언문 171

가치 171

리더십 도구로서의 *스토리텔링* 172

예 1. 제품 또는 서비스의 가치에 대한 영향력 173

예 2. 행복과 자존감에 대한 힘 173

예 3. 영향력을 행사하고 설득하는 힘 173

스토리는 어떻게 전달하나요? 174

커뮤니케이션 도구로서의 시각적 사고 176

필수 질문 179

마지막 팁 182

잊을 수 없는 팀 순간을 만드는 방법 182

특별한 순간: 약어 ROCK 184

관대함의 중요성과 직업적 및 개인적 성공을 위한 목적 188

다양한 관대함의 스타일과 이를 적용하는 방법 192

열정과 목적 193

1

CHAPTER 1

수의사로서의 커리어를 형성할 주요 결정 사항

소개

이 책의 두 저자는 지난 20년 동안 40여 개국에서 수천 명의 수의사들과 함께 교육 및 비즈니스 컨설팅 프로젝트를 진행하는 행운을 누렸습니다.

이 여정에서 우리는 매우 다양한 프로필을 가진 수의사들을 만났습니다:

- 일부는 사업체 소유주였고, 다른 일부는 병원 직원이었습니다.
- 일부는 특정 의료 분야를 전문으로 하는 수의사였고, 다른 일부는 일반 수의사였습니다.
- 일부는 독립 클리닉에서 일했고, 일부는 비즈니스 그룹에 속한 체인병원 내에서 일했습니다.
- 어떤 사람들은 100%의 시간을 임상 문제에만 집중하며 센터 관리에는 전혀 관여하지 않았고, 반면에 다른 사람들은 진료 가운과 청진기를 컴퓨터와 계산기로 바꿔가며 느린 페이스로 진료를 이어갔습니다.

이들 각각의 프로필에서 우리는 자신의 경력에 만족하는 수의사도 있었고, 경로에 좌절을 느끼는 수의사도 발견했습니다. 즉, 수의사의 직업 여정에는 '좋은 길'이나 '나쁜 길'이 있는 것이 아니라, 다양한 로드맵과 준비물이 필요한 서로 다른 길들이 존재할 뿐입니다.

이 장의 학습 목표

1. 동물병원을 운영할 때의 장단점을 이해합니다.
2. 계약 수의사가 되는 것의 장단점을 이해합니다.
3. 일반 수의사와 비교하여 전문의가 된다는 것이 어떤 의미인지 알아보세요.
4. 의료 센터에서 발생하는 분야별 집중 현상과 다수의 클리닉을 보유한 대형 기업형 병원에서 일하는 것과 개인 병원에서 일하는 것의 차이 및 그로 인한 영향을 이해하게 해줍니다.
5. 수의사 경력의 모든 단계에서 돈의 중요성에 대해 생각해 보세요.

수의사 경력에서 중요한 의사 결정:

1. 기업가 정신
2. 전문화
3. 클리닉 체인에 소속되어 있는지 여부
4. 임상의 vs 관리자

Pere Mercader의 주요 의사 결정에 관한 동영상입니다.

수의학 관리 아카데미의 모듈 1.

수행할지 말지, 그것이 문제입니다

진취적인 수의사가 많은 이유는 무엇인가요?

젊은 수의사가 학업을 마치고 직업 생활을 시작할 때, 그의 관심은 대개 자신이 배운 지식을 '실습'하는 데 집중됩니다. 그들이 진정으로 원하는 것은 훌륭한 임상의가 되기 위해 가능한 한 빨리 많은 개와 고양이를 치료하기 시작하는 것입니다.

이 젊은 전문가가 직면한 첫 번째 현실 중 하나는 자신의 직업을 추구하기 위해 기술과 수단을 갖춘 동물병원을 찾아야 한다는 것입니다. 고객에게 서비스를 제공하는 데 필요한 전문 지식을 어디서 얻을 수 있는지 알아보세요.

운이 좋다면, 젊은 수의사는 좋은 시설과 장비를 갖춘 센터에서 숙련된 전문가로부터 배울 수 있고 적절한 급여를 받을 수 있는 곳에서 경력을 시작할 기회를 얻게 될 것입니다. 하지만 안타깝게도 그렇지 않은 경우도 많습니다.

젊은 수의사는 기술 자원이 거의 없는 센터에서 예방 또는 매우 일반적인 의학에 집중된 일상적인 케이스 포트폴리오와 회사의 변화에 거의 또는 전혀 관심이 없는 전문가들의 '리더십' 아래서 일해야 합니다. 또한 이들은 완전히 열악하지는 않더라도 희망적이지 않은 경제적 또는 근무 조건에 직면해 있습니다.

이로 인해 많은 젊은 수의사들이 경력 초기에 다른 동물병원에서 직원으로 일할 것인가, 아니면 내 동물병원 사업을 시작하는 것이 더 나을 것인가라는 중요한 선택의 기로에 직면하게 됩니다.

반려동물 수의학의 가장 큰 역설 중 하나는 뛰어난 직업 전문가 그룹을 상대하고 있지만 경제나 비즈니스 문제에 대한 교육이나 관심이 거의 또는 전혀 없다는 점입니다.

이 젊은 수의사들은 자신의 사업을 시작하고 운영해야 한다는 신념보다는 의무감에 더 큰 동기를 부여받습니다.

진취적인 수의사가 많은 이유는 무엇인가요?

스페인과 같은 나라에서는 약 15,000명에서 20,000명에 이르는 반려동물 수의사가 전국 6,500개 클리닉 중 한 곳에서 근무하는 것으로 추정됩니다.

6,500개 동물병원 중 상당수가 한 명 이상의 수의사를 소유하고 있다는 점을 고려하면, 수의사의 40% 이상이 사업가, 즉 창업자 또는 소유주라는 뜻이 됩니다.

다른 국가에 대한 정확한 데이터는 없지만, 40여 개국에서 수의사를 교육한 이 연구의 두 저자의 경험에 따르면 스페인에서 관찰된 이 비율이 전 세계적으로도 예외는 아니라고 생각합니다.

자체 클리닉 운영 여부 결정하기: 선택 기준

다음은 실무자가 고려해야 하는 첫 번째 주요 결정에 대한 몇 가지 기준입니다:

- 단기적인 경제적 안정.
- 장기적인 경제적 수익.
- 훌륭한 임상의로 성장할 수 있는 기회.
- 자신의 진로를 스스로 결정할 수 있는 자유.
- 삶의 질.

단기적인 경제적 안정

자신의 사업을 시작하려면 일반적으로 초기 투자가 필요하므로 기존 동물병원에서 일하기로 선택한 동료에게는 없는 재정적 위험이 발생합니다.

장기적인 경제적 수익

일부 예외를 제외하고, 중장기적으로 동물병원을 소유한 수의사는 근로자로서의 보수(급여) 외에도 투자자(동물병원의 수익)로서 더 많은 수입을 올릴 수 있기 때문에 직원보다 더 많은 수입을 올릴 것으로 예상됩니다.

훌륭한 임상의로 성장할 수 있는 기회

원칙적으로 이는 동물병원을 소유하고 있는지 여부에 따라 달라지지 않습니다. 동물병원 소유주와 직원 모두 기술적 우수성을 위해 노력하는 수의사 전문가들의 사례는 무수히 많습니다.

수의사의 전문성 개발은 수의사가 동물병원의 소유주인지 직원인지 여부보다는 개인(업무 능력, 역량, 동기 부여)과 소속 기관의 구조적 측면(좋은 리더십, 전문 분야에 대한 헌신 등)에 더 크게 좌우됩니다.

스스로 진로를 결정할 수 있는 자유

이는 창업의 주요 이유로 자주 언급되는 문제 중 하나입니다.

자신의 동물병원을 설립하고 발전시키는 것은 전문가에게 상대적인 '자유'와 커리어 역량 강화 등 상당한 정서적 보상을 제공할 수 있는 것은 사실입니다.

하지만 이에 대해 서면으로 보장할 수 있는 것은 없습니다. 동물병원 원장님들 중 일상적인 업무와 사업적 어려움에 압도되어 매우 불행해하는 사례도 많이 볼 수 있습니다("이런 일을 하려고 수의학을 공부한 것은 아닙니다!").

삶의 질

여기에서도 센터를 소유한 수의사가 자신의 상사이기 때문에 자신의 스케줄을 더 잘 통제할 수 있다는 다소 편향된 인식이 있을 수 있습니다.

특히 새로운 센터가 설립된 초창기에는 가장 길고 강도 높은 근무 시간을 견뎌내고 일상적인 고민을 많이 떠안는 것은 비즈니스 소유자인 경우가 많습니다.

반대로, 업무 수준과 동물병원에서 제공하는 조건이 이를 허용하기 때문에 수년에 걸쳐 일과 삶의 균형을 훌륭하게 유지하는 직원도 있습니다. 따라서 이것은 대안 중 하나에 분명히 편향된 기준이 아닙니다.

전문화할지 여부, 이것이 (두 번째) 질문입니다

30년 전만 해도 반려동물 의학 분야에서 암 치료, 안과 수술, MRI, 치과 또는 수의 심장학에 대해 이야기하는 것은 거의 상상할 수 없는 일이었습니다.

그러나 인의학의 경우와 마찬가지로 이러한 분야와 다른 많은 분야는 빠르고 포괄적으로 발전하고 있으며, '보통의' 일반의가 여러 분야를 동시에 마스터하기에는 점점 더 복잡해지고 있습니다.

수의학계에서 거스를 수 없는 트렌드가 하나 있다면 바로 전문화입니다.

유럽 수의학 전문위원회(EBVS)는 1993년 설립 이래 27개의 유럽 전문 학교에서 4,000명 이상의 수의사 또는 전문 인력을 양성해 왔습니다.

우리는 공식 전문 학교에서 "디플로마"를 취득한 수의 전문 인력을 "graduates"라고 부릅니다.

엄격하고 매우 까다로운 교육

유럽 또는 미국 전문의 자격증을 취득하려면 자격을 갖춘 전문의의 감독 하에 레지던트로서 길고 힘든 과정을 거쳐야 합니다.

이 학위를 취득하려면 증례 발표, 임상 보고서 작성, 까다로운 필기 및 구술 시험 통과 등 집중적인 임상 및 학술 과정 이수가 필요합니다.

'자격을 갖춘' 전문가와 '경험에 따른' 전문가를 비교합니다

많은 국가에서 유럽이나 미국 등 공식 대학에서 인가를 받은 전문가와 자체 센터에서 수년 동안 교육 과정과 학회를 통해 전문 분야를 마스터한 전문가 사이에 직업 내에서 격렬한 논쟁이 벌어지고 있습니다.

분명히 모든 사람이 수의학 발전에 긍정적인 기여를 할 수 있지만, 공식적으로 공인된 전문가만이 '진정한 전문가'로서 시장에 자신을 알릴 수 있다는 것이 추세입니다.

대형 전문 병원 및 의뢰 병원에서 일하기

전문의는 일반적으로 해당 의료 분야의 케이스만 다루기 때문에(케이스 수가 적기 때문에) 초진 케이스가 많은 중소형 클리닉에서 경력을 쌓는 것은 불가능합니다. 이들은 대형 의뢰 병원(다른 병원에서 의뢰한 환자를 진료하는 곳)에서 일하거나 심지어 자신의 전문 센터를 열기도 합니다.

의뢰 병원(referral hospital)이란, 일반 병원보다 더 발전된 의료 서비스를 제공하는 수의학 병원을 의미합니다. 이러한 병원은 주로 동료 수의사들이 다른 수의학 센터에서 의뢰한 복잡한 사례를 다루는, 소위 말하는 "세컨드 오피니언(second opinion)" 서비스를 제공합니다.

물론 엄청난 연봉을 받지만 그에 상응하는 비용 청구가 수반됩니다

많은 포럼에서 수의학 전문가들이 매우 높은 급여 수준을 달성한다고 자주 언급됩니다. 그러나 이러한 급여는 이들이 처리하는 사례의 복잡성과 높은 수량 덕분에 보통 매달 수만 유로를 센터에서 청구하기 때문에 가능하다는 점은 자주 설명되지 않습니다.

반짝인다고 해서 모두 금이 아니며, 모든 전문가가 동일한 수익을 창출하는 것은 아닙니다

외과, 신경과, 진단 영상과 같은 일부 전문 분야와 피부과, 동물행동학과 같은 다른 전문 분야 간에 매출액('수입' 또는 '매출'과 동의어)이 1~4배 또는 5배까지 차이가 나는 것은 드문 일이 아닙니다.

그렇다고 해서 어떤 직업이 다른 직업보다 더 중요하거나 직업적으로 보람이 있다는 의미는 아니지만, 젊은 수의사가 더 높은 급여 수준에 도달하는 데 영향을 미칠 수 있기 때문에 반드시 알아야 할 경제적 현실입니다.

훌륭한 전문가는 경력에서 성공하기 위해 사회적 기술도 필요합니다

일부 수의학 전문가들이 동료들의 기술적 질문에 오만하게 대응하거나, 전화로 접근하기 어렵고, 반려동물 주인의 경제적 문제에 무관심하며, 클리닉 지원 직원과의 소통이 어려운 것으로 알려져 있습니다. 이러한 평판은 종종 자초된 결과이기도 합니다.

전문가들이 다른 동료들로부터 의뢰를 받아야 한다는 점을 고려할 때, 사회적 기술의 부족이 이들의 경력에 얼마나 큰 타격을 줄 수 있는지 쉽게 이해할 수 있습니다.

"공급이 부족한 전문가".

이 글에서는 미국에서 반려동물 클리닉의 전문화가 가져오는 직업적 도전과 기회를 실제 데이터를 통해 설명합니다.

독립 또는 그룹 클리닉에서 일하는 경우, 이것이 (세 번째) 문제입니다

앞서 언급한 전문화와 마찬가지로, 우리 직업에서 지속되고 있는 또 다른 중요한 흐름은 기업 집중화입니다. 이는 대형 그룹, 체인, 네트워크 형태의 수의학 센터들이 등장하고, 이들 센터가 수익성과 효율성을 기준으로 운영되는 기업들에 의해 관리되는 현상을 의미합니다.

이러한 클리닉 기업의 형성 배경에는 규모의 경제(economies of scale)를 추구하는 경제적 논리가 자리하고 있습니다.

여러 동물병원을 하나의 비즈니스 조직으로 묶으면 고정 비용 등을 보다 효율적으로 공유할 수 있다는 가설입니다:

- 고가의 진단 장비.
- 24시간 서비스 제공.
- 내부 교육 프로그램.
- *마케팅* 캠페인 및 브랜드 광고 등

규모의 경제

이른바 규모의 경제는 여러 회사(이 경우 병의원)가 함께 공유함으로써 일부 고정 비용을 절감하여 수익이 직접적으로 개선될 때 발생합니다.

또한 제품 및 의약품에 대한 더 나은 구매 조건을 확보할 수 있는 이점도 제공합니다.

상황은 변화하고 있으며 매달 새로운 '플레이어'가 이 비즈니스 경쟁에 등장하지만, 다음 페이지에 소개된 비즈니스 그룹은 이미 전 세계 수만 명의 임상 수의사를 동물병원 네트워크에 고용하고 있는 기업입니다.

해외에 진출한 주요 동물병원 비즈니스 그룹 중 일부

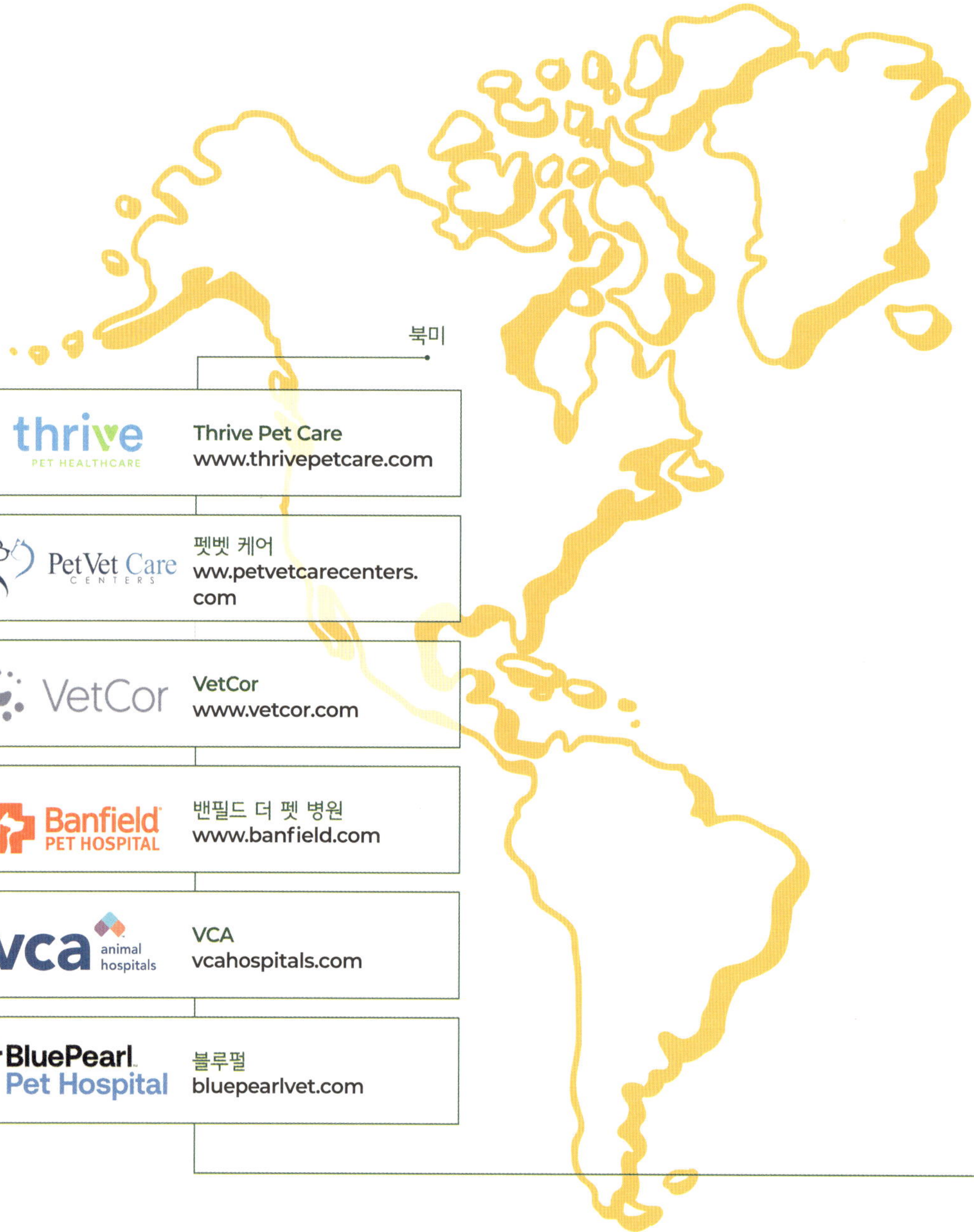

- Thrive Pet Care
  www.thrivepetcare.com
- 펫벳 케어
  ww.petvetcarecenters.com
- VetCor
  www.vetcor.com
- 밴필드 더 펫 병원
  www.banfield.com
- VCA
  vcahospitals.com
- 블루펄
  bluepearlvet.com

2023년 10월 5일 기준 방문한 웹사이트.

유로파

Vet파트너스
vetpartnersgroup.com

애니쿠라
www.anicuragroup.com

IVC EVIDENSIA
IVC 에비덴시아
ivcevidensia.com

영국

CVS Group plc
Passionate about animal care
CVS
www.cvsukltd.co.uk

Vets4Pets
Putting your pet first
Vets4Pets
www.vets4pets.com

Companion Carevets
컴패니언 케어
www.companioncare.co.uk

MEDIVET
ALWAYS THERE
메디벳
www.medivet.co.uk

중국

RUIPENG
新瑞鹏宠物医疗集团
NEW RUIPENG PET HEALTHCARE GROUP CO. LTD
뉴 루이펑
www.ruipeng.org

아시아(싱가포르)

호주

NVA
www.nva.com

뉴질랜드

Greencross Vets
반려동물 회사 그린크로스
www.greencrossvets.com.au

이러한 그룹 중 한 곳에서 일하는 것이 좋은가요, 아니면 독립 센터에서 일하는 것이 더 좋은가요?

다시 한번 말씀드리지만, 이 상황을 평가하는 기준에 따라 크게 달라질 수 있으므로 '흑백' 결정이 아니라고 말씀드릴 수 있습니다.

클리닉 그룹 또는 기업 네트워크에 통합될 때 유리한 조건:

- **승진 및 전문성 개발 가능성:** *이전의 경험적으로 볼 때*, 더 많은 자원을 보유하고, 더 많은 지역에 더 많은 부서가 있으며, 역동적으로 성장하는 등 규모가 큰 조직은 강한 목표를 추구하고 야심찬 직업적 도전을 원하는 수의사에게 더 유리한 것 같습니다.
- **근무 조건, 정통 근무 시간, 더 많은 프로토콜:** 다른 산업과 마찬가지로, 이러한 조직의 근무 환경은 소규모의 기업가 정신이 강한 수의학 센터(개인병원)에 비해 덜 "즉흥적"이고 "창의적"이어야 합니다.
- 수의학 센터의 소유주들이 자신의 센터를 대형 기업에 매각하는 주요 이유는 두 가지입니다. 첫째, 직업의 의료적 측면에 집중하기 위해서입니다. 둘째, 매각 이후 최소 몇 년간 직원으로 남아 임상 업무에만 전념할 수 있는 기회를 확보하기 위해서입니다.

  이러한 결정은 경영과 행정 부담을 줄이고, 의료적 열정을 계속 이어가고자 하는 수의사들에게 매력적인 선택이 됩니다.

독립 동물병원에서 일하는 데 유리한 조건:

- **중소 규모의 동물병원은 일반적으로 설립한 전문가**가 주도하는 의사 결정에 있어 더 큰 자유, 자율성 및 민첩성을 갖습니다.
- **장기적으로 더 큰 재정적 보상:** 특히 다음과 같은 경우 전문가가 자신의 센터를 소유하고 있거나 소유하게 될 경우, 그리고 센터가 재정적으로 잘 운영되고 있는 경우입니다.
- 조직의 일부로 남지 않음으로써 얻는 "안도감"도 중요한 요인입니다. 급속한 기업 집중화 속에서 소속된 조직이 합병, 매각, 또는 분할될 수 있으며, 그에 따라 의료와 비즈니스 철학이 변화할 가능성이 큽니다. 이러한 불확실성을 피하고, 본인의 의료 철학을 유지하려는 것이 일부 수의사들이 독립적인 경영을 선호하는 이유 중 하나입니다.

관리할지, 관리하지 않을지, 이것이 (네 번째) 질문입니다

예전에 동물병원을 운영하는 한 수의사와 이야기를 나누던 중 동물병원 경영에 소요되는 시간이 대략 몇 퍼센트인지 물어본 적이 있습니다. 그 수의사의 대답은 "사실 저는 일주일에 하루, 보통 수요일에 쉬고 집에서 조용히 병원 경영 문제에 집중합니다."였습니다.

이 일화는 어떤 점을 시사하나요?

- 우선, 많은 수의사는 경영을 '업무'로 인식하지 않습니다. 그들에게 있어 '업무'란 환자를 돌보고 임상 절차를 수행하는 임상 활동에 한정됩니다. 경영은 외부적인 것, 마치 가치 있는 진짜 일(임상 업무)에서 시간을 빼앗는 불필요한 활동처럼 여겨집니다. 이러한 이유로, 경영 업무는 근무 시간 외에 처리해야 하는 일로 간주되며, 마치 비밀스럽게 이루어지는 것처럼 느껴지기도 합니다.
- 둘째, 많은 수의사는 경영을 단순한 '서류 작업'으로 이해합니다. 즉, 사무실에서 혼자 숫자를 분석하거나, 공급업체에 연락하거나, 고객의 전화를 다시 받는 등의 활동을 떠올립니다. 그러나 이러한 인식은 팀을 이끄는 리더십과는 거리가 멉니다. 만약 경영이 단순히 이런 일이라면, 집에서도 충분히 할 수 있는 일이기 때문에 리더십이 필요하지 않다고 여겨지는 것입니다.

클리닉을 '관리'한다는 것은 무엇을 의미하나요?

다음은 동물병원에서 수행해야 하는 여러 업무/책무를 나열하고 비즈니스 관리와의 관련성(여부)에 따라 분류한 것입니다(표 1).

표 1. 비즈니스 관리 업무와 관련이 있는지 여부를 확인하기 위한 동물 센터의 업무 목록

작업 설명	수의사 업무	관리 업무	혼합 업무
고객에게 통화 연결			
사건을 의뢰한 동료를 위해 보고서 작성하기			
질문 전달			
초음파 스캔 수행			
새로운 사료의 가격을 컴퓨터에 입력하기			
수의사 및 보조자의 교대 근무와 스케줄을 관리			
아토피 피부염 사례에 대한 의료 프로토콜 정리			
고객에게 크레딧을 제공하기 위한 프로토콜 정리			
직원의 급여 범위 결정			
클리닉의 보조 직원에 대한 교육 계획을 수립			
수의사의 직급 체계(Professional Scale of Veterinarians)의 정의			
새로운 진단 장비에 대한 투자 분석			
새로운 진단 장비에 가장 적합한 옵션 선택하기			
재고 관리			
입원 환자 모니터링			
특정 감염에 대해 얼마나 많은 항생제를 사용할지 결정			
의약품 *재고*의 최소 및 최대 레벨을 결정			
수술 가격 계산하기			

작업 설명	수의사 업무	관리 업무	혼합 업무
소셜 네트워크에서 센터의 이미지 정책(장소, 시기, 내용)을 준비			
프로세스 개선을 위한 내부 팀 회의 구성 및 운영			
최근에 우리가 처리한 가장 흥미로운 사례들을 온라인에 게시하기			
인터넷에서 병원을 모욕하는 고객의 불만 처리하기			
모든 직원이 관리 소프트웨어를 올바르게 사용하도록 지도			
예방 접종 알림 게시			
병원 내부 운영 매뉴얼을 작성하고 업데이트			
직무 설명			
센터 직원의 성과 평가			
내년도 재정 예산 및 사업 계획 수립하기			

이러한 작업 중 일부 또는 다수가 엄밀히 말해 수의학 또는 '관리' 작업은 아니지만 두 가지 차원이 하나의 동일한 작업에 결합되어 있는 경우가 많습니다.

이러한 모든 작업(분류는 어떻게 하든)이 중요하며 모든 동물병원에서 누군가가 수행해야 한다는 데 동의하시나요?

문제는 관리할지 말지가 아니라 누가 관리해야 하는가입니다

'관리'가 무엇인지, 그리고 동물병원에서 이러한 문제를 처리할 '누군가'가 절대적으로 필요하다는 것을 명확히 알고 나면, 누가 그 일을 맡기에 적합한 사람인지에 대한 질문이 생깁니다.

이 문제는 아래와 같이 세 가지 관점에서 분석할 수 있습니다.

관점 1. 자연스러운 비즈니스 주기

동물병원 운영 초기 단계에서는 보통 창립자가 주당 몇 시간 정도를 경영에 할애합니다(때로는 "여가 시간"에, 일화 속의 수의사처럼). 하지만 수의학 센터가 성장하고 복잡해지면서 창립자는 경영을 전담할 전문 인력을 고용할 필요성을 느끼게 되는 위기 단계에 도달합니다. 그러나 다음과 같은 이유로 이 결정을 망설이기도 합니다:

- 사업에 대한 통제권을 잃을까 봐 두려움.
- 수의학 센터를 전문적으로 관리할 수 있는 인력을 찾기 어려움.
- 센터의 수익 규모가 이러한 전문가를 고용할 만큼 구조적 비용을 감당할 수 있을지 확신하지 못함.

결국 성장의 현실이 닥치면 누군가가 센터의 경영을 맡는 것이 불가피합니다. 일부 창립 파트너는 '가운과 청진기를 끊고' 센터의 관리자가 되기로 결정하고, 다른 파트너는 전문가를 채용하기로 결정합니다.

관점 2. 클리닉의 경제적 역량

동물병원은 언제부터 풀타임 매니저를 고용할 수 있을까요? 미국의 *벤치마킹* 연구에 따르면 동물병원은 매출의 3~5%를 관리 관련 인건비로 지출할 수 있는 것으로 추정됩니다.

이 범위를 기준으로 삼으면 센터의 매출 규모에 따라 다양한 시나리오를 확인할 수 있습니다. 표 2는 센터의 연간 수입에 따라 세 가지 상황을 보여줍니다.

표 2. 센터의 회전율에 따른 다양한 시나리오의 예*.

센터의 연간 수입		센터에서 근무하는 수의사 수	관리노동을 지불할 수 있는 비용	결론
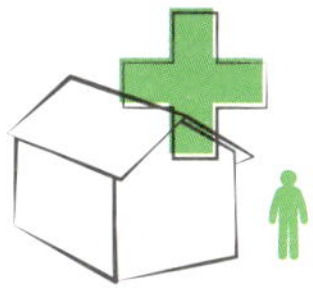	**500.000 € 미만**	2-4	연간 25.000 € 미만	풀타임 매니저를 고용할 수 없습니다. 파트타임으로 고용하거나 창업자 본인이 직접 관리할 수 있습니다.
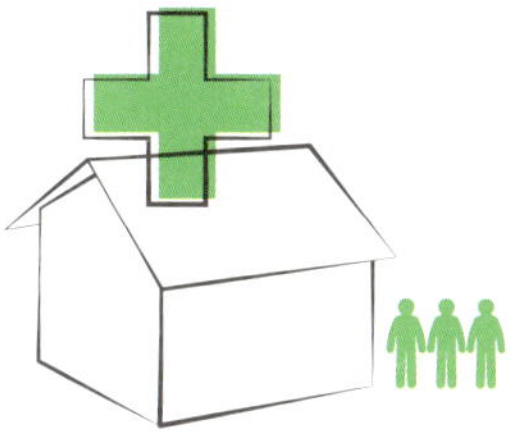	**500.000-1.000.000 €**	4-8	연간 25.000-50.000 €	주니어급은 풀타임으로, 시니어급은 파트타임으로 채용할 수 있습니다.
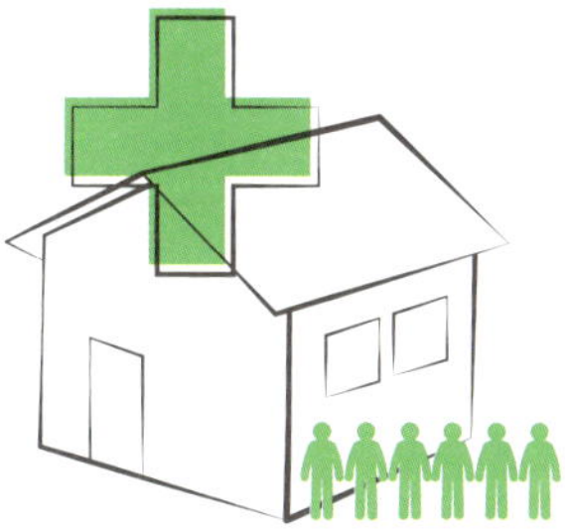	**1.000.000 € 이상**	≥8	연간 50.000 € 이상	시니어 매니저를 정규직으로 채용할 수 있습니다.

* 스페인 시장에 적용되는 매출 수치와 인건비는 국가마다 다를 수 있습니다.

관점 3. 전문 역량

전문 수의사를 고용하는 것이 항상 더 나은가요, 아니면 센터의 창립 수의사가 관리하는 것이 더 나은가요? 이 질문에 대한 답은 다음에서 유추할 수 있습니다.

관리 직원에게 돈을 투자하는 것이 동물병원에 좋은 생각일까요?

이것은 미시간 주립대학교(MSU) 4학년 수의학 학생인 닐 와서먼(Neal Wasserman)이 수의경제문제국가위원회(NCVEI)를 위한 연구 프로젝트에서 답을 찾고자 한 흥미로운 질문입니다.

이를 위해 그는 약 1,200개 클리닉의 수익 데이터와 인력 구조를 교차 분석하는 통계 분석을 수행했으며, 두 가지 매우 눈에 띄는 결론에 도달했습니다.

1. 클리닉에는 *진료 관리자*가 필요합니다.

분석 결과, *진료 매니저의* 근무 시간이 1시간 늘어날 때마다 클리닉은 평균적으로 미화 119달러의 추가 수익을 창출하는 것으로 나타났습니다. 이는 연간 기준으로 *진료 매니저가* 없는 경우와 연중 상근하는 진료 매니저가 있는 경우의 수익 차이가 미화 257,500달러(!)에 달한다는 것을 의미합니다. 다음과 같은 경우를 고려하면 이 연구가 수행된 시점의 *실무 관리자의* 평균 급여는 약 미화 40,000달러, 클리닉에 큰 투자였음은 말할 필요도 없습니다...

2. 이 경영 관리자가 클리닉의 소유주가 아닌 것이 더 좋습니다.

이 연구를 완료하기 위해 동물병원 소유주에게 하루 중 관리 업무와 임상 업무 중 어느 쪽에 더 많은 시간을 할애하는지 물었습니다. 그리고 관찰된 바에 따르면 클리닉 소유자가 임상 업무를 중단하고 대신 관리 업무에 종사하는 매 시간마다 클리닉의 수입이 미화 122달러(!) 감소하는 것으로 나타났습니다. 다음과 같은 점을 고려하면 이 말이 이해가 됩니다. 그가 포기한 임상 시간은 다른 수의사가 대체할 수 없을 것입니다.

결론적으로, 동물병원에서 경영은 필수적이고 매우 수익성이 높지만, 잘 조직된 회사에서와 마찬가지로 수의사는 좋은 의술을, 관리자나 행정가는 좋은 경영을 하는 등 각자가 가장 가치 있게 기여할 수 있는 업무를 수행해야 합니다.

이상적인 균형은 동물병원 소유주(수의사)가 일상적인 결정은 위임하되, 보다 전략적인 결정은 관리 전문가에게 감독 및 검증을 맡기는 경우일 것입니다.

"수의사가 진료실을 관리할 수 있는 가장 효율적인 방법은 무엇인가요?"

닐 바서맨의 글입니다.

직업 생활에서 돈의 중요성

수의학, 특히 반려동물 임상은 뛰어난 전문 직업이며 재정적 고려를 염두에 두고 선택하는 학생은 거의 없지만, 이 주제에 대해 몇 가지 성찰하는 것이 중요합니다:

돈이 가장 중요한 것은 아니지만 매우 중요합니다.

많은 돈을 버는 것은 항상 돈에 집착한 결과라기보다는 일을 잘해서 얻는 결과입니다.

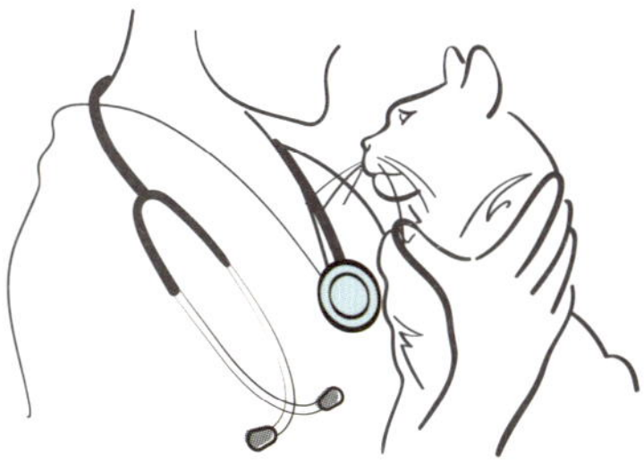

전문가의 역량과 열정 수준은 특정 전문 분야보다 재정적 수입에 더 큰 영향을 미치는 경우가 많습니다.

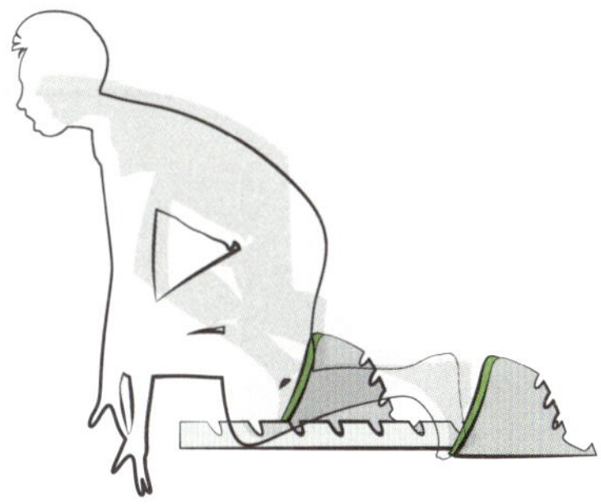

수의사 경력은 단거리 경주가 아니라 장거리 경주입니다.

이러한 개념에 대해 자세히 살펴보겠습니다.

돈의 중요성

수의사 직업은 지식, 헌신, 정서적 스트레스, 육체적, 정신적 피로 측면에서 매우 까다로운 직업입니다.

이러한 전문가들이 만족스러운 경제적 보수를 받아 가치를 인정받고 안심하고 개인과 가족의 필요를 충족할 수 있도록 하는 것은 공정하고 필요한 일입니다.

많은 돈을 버는 것은 종종 일을 잘한 결과입니다.

경험에 따르면 다른 고려 사항보다 빨리 돈을 버는 데 지나치게 집중하는 전문가는 결국 고객, 고용주, 직원 또는 동료와 갈등을 겪게 됩니다.

반대로 품질, 서비스 및 전문적 엄격함에 (좋은 의미에서) '집착'하는 전문가는 거의 자연스럽게 더 많은 돈을 벌게 됩니다.

전문성 이전에 역량과 열정의 수준

좋은 동물병원의 좋은 직원은 나쁜 동물병원의 나쁜 주인보다 더 많은 돈을 벌 수 있습니다.

의사소통과 고객 관리 능력이 뛰어난 일반 수의사는 고객 및 동료와 건강한 관계를 맺지 못하는 오만한 전문의보다 더 많은 것을 얻을 수 있습니다.

옛 속담에 "하고 싶은 일을 하되, 그 일을 10% 더 잘해야 한다"는 말이 있습니다.

장거리 달리기

미국 수의사협회(AVMA)의 연구에 따르면 수의사 경력에서 가장 중요한 경제적 차이는 경력의 2/3 또는 3/3에 발생한다고 합니다.

커리어의 첫 10~15년은 올바른 경험과 기술을 배우고 습득하는 데 있어 매우 중요한 시기입니다. 가장 중요한 재정적 수익은 커리어의 중간과 마지막 부분에 발생합니다.

그림 1의 그래프에서 수의사의 경력 연차에 따른 연간 수입을 확인할 수 있습니다.

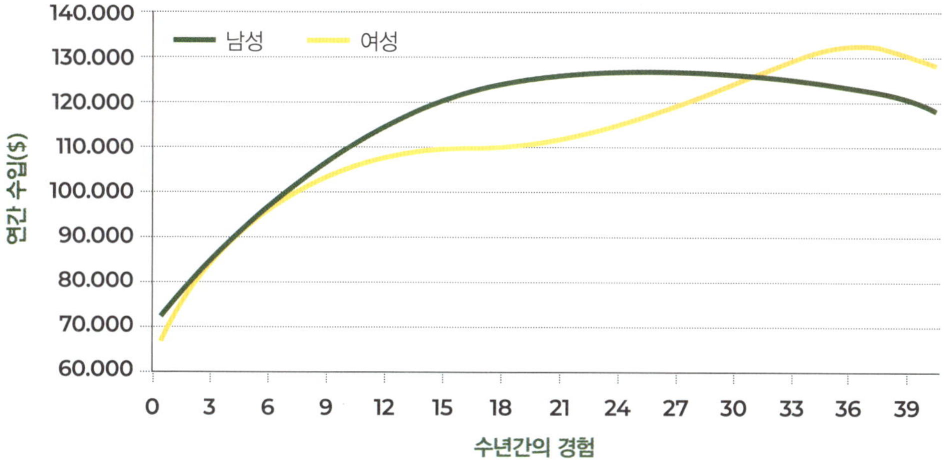

그림 1. 연령 및 성별에 따른 수의사의 소득 프로필.

그렇기 때문에 특히 젊고 다양한 직업 사이에서 망설이고 있을 때 다음과 같은 질문을 스스로에게 던지는 것이 매우 중요합니다: 다음 중 5~10년 후 시장에서 내 직업 프로필의 가치가 더 높아질 직업은 무엇인가요?

이 질문은 '지금 어떤 직업이 더 많은 급여를 받는가'가 아니라 '어떤 직업이 앞으로 더 많은 급여를 받는가'가 핵심 질문입니다.

우리는 스티브 잡스가 한 대학 졸업식에서 했던 이 감동적인 연설을, 수의사가 경력 전반에 걸쳐 경험하게 될 개인적, 직업적 갈림길을 훌륭하게 요약한 사례로 선택했습니다.

추천 참고 문헌

1. Díaz MA. 7 *claves para dirigir con éxito la clínica veterinaria*. Editorial Servet-Grupo Asís, 2015. En los capítulos 2 y 3 hay herramientas y reflexiones muy relevantes para el tipo de decisiones profesionales estudiadas en el capítulo 1 de este libro.
2. Frayssinet L. Evolution des modèles d'affaires vétérinaires en France et dans le monde: focus sur les animaux de compagnie. Université Paul Sabatier, 2019. Excelente tesis doctoral sobre la concentración empresarial de centros veterinarios a nivel global.
3. Mercader P. *Soluciones de gestión para clínicas veterinarias*. Editorial Servet-Grupo Asís, 2009. En el capítulo 2 hay una discusión ampliada sobre la diferencia entre ser "un veterinario que trabaja en su clínica" y ser un "propietario-director" del centro veterinario.
4. Wilson JF, Gendron K. *Job Descriptions and Training Schedules for the Veterinary Team*. Priority Press, 2005. Un auténtico clásico para los entusiastas de las descripciones de puestos de trabajo y planes de entrenamiento. Los capítulos 11y 12 describen en detalle las posiciones de responsable administrativo/gerente del centro veterinario. Si resulta complicado encontrar este libro, en la sección de publicaciones de gestión de AAHA (https://ams.aaha.org/eweb/startpage.aspx?site=store) hay una amplia colección de recursos similares.

CHAPTER 2

동물병원의 파트너, 직원, '원장'으로서의 자기 개발

소개

졸업성적이 좋은 수의사는 모든 일에 세심한 주의를 기울이고 실수를 거의 하지 않아 눈에 띄고, 보통 성적으로 졸업한 그의 대학 친구는 특별히 눈에 띄지는 않지만 매우 자연스럽게 소통하고 웃으며 질문하고 주의 깊게 경청합니다. 첫 번째 수의사는 둘이 함께 보았던 면접에서 친구가 합격하는 모습을 보고서는 당황했습니다.

이 장에서는 단순한 기술적 지식을 넘어 성공으로 이끄는 요인을 제시하고, 다른 기업과 차별화하기 위해 자신의 강점과 잠재적으로 개선할 수 있는 영역을 파악하는 방법을 살펴봅니다.

성공적인 계획을 세우기 위한 두 가지 핵심 요소를 살펴봅니다:

- 첫째, 면접(면접을 잘 준비하는 방법, 가장 흔하게 저지르는 실수와 이를 피하는 방법)입니다.
- 둘째, 동물병원에서의 첫 30일을 성공적으로 시작하기 위한 비결. 성공여부는 얼마나 많이 아는지뿐만 아니라 어떻게 소통하고 누구와 함께 하느냐에 따라 달라질 수 있습니다.

이 장의 학습 목표

1. 스스로 SWOT 분석(강점, 약점, 기회, 위협 분석)을 수행하는 방법을 배우기.
2. 신뢰의 핵심 요소를 인식하기.
3. 채용 면접을 적절하게 준비하기.
4. 동물병원 첫 30일 동안 성공적인 출발을 위한 핵심 사항 알아보기.
5. 또한, 최고의 수의사로 성장하여 고객, 동료, 상사 또는 직원의 신뢰라는 가장 소중한 선물을 얻는 방법을 발견하게 될 것입니다.

OBJETIVOS

이 장의 학습 목표에 대한
Miguel Ángel Díaz의 동영상입니다.
수의학 관리 아카데미의 모듈 2.

약점, 위협, 강점 및 기회 분석 (SWOT)

다음과 같은 상황을 상상해 보세요. 한 프로테니스 선수는 코트 뒤쪽에서 드라이브와 백핸드 샷은 잘 하지만, 맞받아치기는 잘 못합니다. 그렇다면 네트 쪽보다는 코트 뒤쪽에서 게임을 진행하면 득점 기회를 더 많이 잡을 수 있다고 보는게 맞겠지요?

어떻게 하면 더 나은 수의사가 될 수 있을까요?

현실에서 더 나은 수의사가 될 수 있는 방식을 아는 것은 항상 쉬운 일은 아닙니다.

정신없이 빠른 일상의 현대사회에서 문제가 하나 있습니다. 우리는 어느 순간, 우리가 살아왔던 인생의 방식을 중단하고 성찰할 시간이 거의 없다는 것입니다. 하지만 꼭 그럴 필요는 없습니다.

위의 예에 나오는 테니스 선수처럼 성공적인 수의사가 되려면 자신이 무엇을 잘하는지, 무엇을 개선해야 하는지, 목표와 목적을 달성하기 위해 주변 상황을 평가하는 방법을 찾아야 합니다.

이러한 강점과 개선이 필요한 영역을 파악하기 위해 개인 및 전문가 수준에서 가장 널리 사용되는 분석 도구 중 하나는 약점, 위협, 강점 및 기회의 약자인 SWOT입니다.

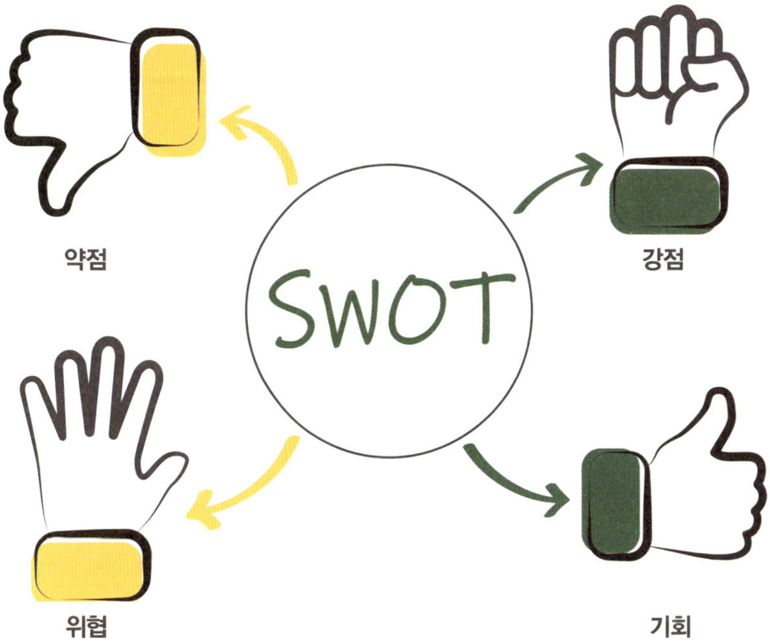

이 도구는 내부 관점(본인에게만 의존하며 약점과 강점이라는 두 가지 요소를 포함)과 외부 관점(본인에게 의존하지 않으며 위협과 기회라는 다른 두 가지 요소를 포함)이라는 두 가지 측면을 고려합니다.

예

최근에 졸업한 한 수의사는 손재주가 뛰어나고 수술을 잘하는 것 같다고 가정해 봅시다. 그의 목표는 대형 동물병원의 외과수의사가 되는 것입니다.

셀프 SWOT 분석을 수행하면, 그는 너무 조용하고 대화를 잘 하지 않으며, 낯선 사람과 눈을 잘 마주치지 못한다는 사실을 알게 됩니다. 이는 때때로 그에게 불리하게 작용합니다. 왜냐하면 그가 아무 말도 하지 않음으로써, 그는 대화의 내용에 관심이 없는 것 같아 보이고, 사람들의 눈을 쳐다보지 않아 신뢰를 주지 못하기 때문입니다.

궁극적으로 누군가와 대화할 때 고개를 돌리거나 내려다보지 않고 조금 더 말을 많이 하는 것을 목표로 삼는다면 목표를 달성할 가능성이 높아질 것입니다.

이 도구를 최대한 활용하는 데 도움이 되는 한 가지 방법은

- 첫째, 그와 관련된 목표를 시각화하는 것입니다. 셀프 SWOT 분석을 수행하는 데 있어서 대형 동물병원의 외과수의사로 취업하는 것이 목표인 경우와 집 근처의 작은 동물병원에서 일하는 것이 목표인 경우는 다릅니다.
- 둘째, 바라는 것이 무엇인지 신중하게 생각하세요. 다음 안내 질문을 사용하는 것이 좋습니다.

약점

S

- 내가 정말 못하는 것은 무엇인가요?
- 목표를 달성하려면 어떤 점을 개선해야 하나요?
- 내가 싫어하고 지루하게 느끼는 것은 무엇인가요?
- 어떤 기술을 배워야 하나요?

위협

W

- 목표 달성을 어렵게 만드는 외부 요인에는 어떤 것이 있나요?
- 개인 환경의 어떤 장애물이 목표를 달성하는 데 방해가 되나요?
- 내가 속한 분야에서 내 발목을 잡을 수 있는 가장 부정적인 요소는 무엇인가요?
- 내가 살고 있는 지역에 어떤 어려움이 있을 수 있나요?
- 목표를 달성하는 데 있어, 내 지역에 어떤 종류의 자원이 부족한가요?

강점

O

- 내가 다른 사람들과 차별화되고 동시에 눈에 띄는 점 세 가지는 무엇인가요?
- 나는 어떤 일에 열정을 가지고 있으며, 시간이 금방 지나가게 만드는 일은 무엇일까요?
- 어떤 기술을 가지고 있나요(가능한 상황을 생각해 보세요)?
- 어떤 지식(교육, 전문 지식, 생활의 지혜 등)을 보유하고 있나요?
- 아는 사람(가족, 친구, 선생님, 멘토 등)은 누구인가요?

기회

T

- 목표를 더 쉽게 달성할 수 있도록 도와주는 외부 요인은 무엇인가요?
- 개인 환경의 어떤 조건이 목표 달성을 더 쉽게 만들어 주나요?
- 내가 속한 분야에서 성공하는 데 도움이 될 수 있는 가장 긍정적인 요인은 무엇인가요?
- 내가 살고 있는 지역에서 얼마나 쉽게 살 수 있나요?
- 내 지역에서 목표를 달성하기 위해 어떤 종류의 자원을 사용할 수 있나요?

SWOT 분석의 문제점은 때때로 우리 자신을 분석하지 못하고 개선해야 할 부분이 어디인지 알지 못한다는 것입니다. 스스로 작성한 SWOT를 보완할 수 있는 아주 간단한 방법은 자신이 신뢰하고 소중히 여기는 사람들의 의견과 관점을 참고하는 것입니다.

신뢰의 힘

동물병원에서는 무서운 수술을 과감하게 수행하거나, 위험한 환자를 마취하거나, 까다로운 고객의 어려운 요구를 처리하거나, 폭압적인 상사의 과도한 요구에 대처하거나, 동료나 직원의 원치 않는 행동을 제한하는 등 다양한 상황에서 자신감이 필요할 수 있습니다.

자신감은 주어진 상황에 적절하게 대처하기 위해 누군가가 행동하기를 원하는 믿음입니다. 자신감은 자신, 다른 사람 또는 여러 사람에게 해당될 수 있습니다.

여러분의 직업적 성공은 실패의 위험이 있더라도 과감하게 결정을 내리고 사람들이 그 결정을 내리는 모습을 기꺼이 볼 수 있도록 하는 능력에 큰 영향을 받을 것입니다.

즉, 자신감을 얻는 방법과 더 나아가 주변 사람들에게 자신감을 불러일으키는 방법을 배워야 합니다. 이 두 가지를 좀 더 자세히 살펴보겠습니다.

자신감 얻기

자신감을 높이려면 과감하게 결정을 내려야 합니다. 이를 위해 생명줄과 안전망에 의존할 수 있습니다.

힘든 상황에 처하면 우리 모두는 실수를 할 수 있습니다. 어떤 행동을 하지 못하는 것은 실패에 대한 두려움 때문입니다. 궁극적으로 우리 모두는 결정을 내리면 그에 대한 대가를 치르기 때문에, 이는 우리에게 불리하게 작용할 수 있습니다.

과거를 돌아보고, 오늘까지 당신의 성공과 실수가 이루어진 방식을 분석하면 도움을 얻을 수 있습니다.

Miguel Angel Diaz가 생명줄 운동을 통해 자신감을 찾는 방법에 대해 설명하는 동영상입니다.

수의학 관리 아카데미의 모듈 2.

실제 사례를 살펴보겠습니다:

Marta는 심잡음이 있는 14살 푸들에게 치과치료를 권해야 하는 수의사입니다. 이 강아지는 치석이 많고 치아가 많이 흔들리고 있어 음식을 먹기가 고통스럽고 주인은 구취로 인해 강아지와 함께 보내는 시간이 줄어듭니다.

Marta가 두려워할 수 있는 것은 무엇인가요?

- 두려움 1: 마취 중 환자가 사망할 수 있다는 두려움.
- 두려움 2: 고객이 화를 내고 불만을 제기하는 상황.
- 두려움 3: 고객 본인이 느낄 불쾌감.
- 두려움 4: 팀원들의 신뢰를 잃는 것.

Marta는 어떻게 안전망을 구축할 수 있을까요?

- 두려움 1: 관련 검사(신장 및 간 기능 평가, 빈혈, 감염 가능성을 배제하기 위한 검사, 흉부 질환을 배제하기 위한 엑스레이 검사 등)를 반드시 실시하세요.
- 두려움 2: 치과치료가 반려동물에게 주는 이점과 이와 관련된 잠재적 위험성에 대해서 고객에게 솔직하게 이야기하고 조언하세요.
- 두려움 3: 환자의 사망이 발생하면 항상 힘듭니다. 하지만 반려동물을 살리기 위해 최선을 다했다는 점을 알리고, 보호자에게 이런 일이 일어날 수 있음을 미리 알렸다면 조금은 덜 힘들 수 있습니다.
- 두려움 4: Marta는 실패에 대한 걱정을 동료들과 공유하고 선배 수의사에게 조언을 구할 수 있습니다.

주변 사람들과의 신뢰 구축

신뢰의 가장 저평가된 측면 중 하나는 속는셈 치고서라도 믿어줄 수 있을 정도로 항상 꾸준하게 행동하는 것이 중요하다는 점입니다. 예를 들어, 항상 정시에 병원에 오던 사람이 어느 날 지각하면 사람들은 "이상하네, 너가 이렇게 늦다니 놀랍네... 항상 정시에 출근했었는데..."라고 생각할 것입니다.

다음은 모두가 함께 일하고 싶어 하고 신뢰할 수 있는 전문가가 되는 데 도움이 되는 권장 사항 목록입니다.

신뢰할 수 있는 전문가가 되기 위한 팁

- 항상 약속한 사항을 지키세요.
- 약속을 지키는 것이 불가능하다고 판단되면 가능한 한 미리 알리고, 상호 이익이 되는 새로운 방식으로 다시 약속을 정하세요.
- 당신이 원장이라면 지킬 수 없는 약속은 하지 마세요.
- 당신이 직원이라면 아무리 사소한 실수라도 같은 실수를 자주 반복하지 마세요.
- 모르는 것이 있으면 "죄송합니다"라는 간단한 말 한마디면 충분합니다.
- 변명을 하지 말고 "죄송합니다, 제 잘못입니다"처럼 말하고 실수를 인정하세요.
- 눈앞에 없는 사람에 대해 나쁘게 말하지 마세요.

선발 면접의 중요성

선발 면접은 일반적으로 두 사람(면접 대상자와 면접관) 간의 대화로, 지원자의 직무 적합성을 평가하기 위해 정보를 교환하지만, 그 반대의 경우가 될 수도 있습니다.

이 대화는 실제로 서로 윈윈하는 관계, 즉 양 당사자 각자가 원하는 바를 명확하게 알 수 있어야 한다는 점을 파악하는 것이 중요합니다.

Gema의 인터뷰 사례를 살펴보겠습니다.

Gema는 면접이 잘 끝났다는 느낌을 받았습니다. 그녀는 동물병원이 마음에 들었고 그녀를 심사한 원장 수의사에게 좋은 인상을 남겼습니다. 그러나 원장 수의사는 더 많은 수의사를 면접보고 있으며 그녀보다 더 경험이 많은 사람을 찾고 있다는 사실도 분명히 밝혔습니다. 그래서 그녀는 합격 통보를 받았을 때 놀라움을 금치 못했습니다.

얼마 후, 그녀는 이 놀라운 결정의 이유가 자신의 이력서에 남긴 두 명의 추천서 때문이라는 사실을 알게 되었습니다. 두 사람 모두 Gema는 좋은 사람이고, 문제를 일으키지 않으며, 다루기 쉽고, 매우 빠르게 배우고, 무엇보다도 100% 신뢰할 수 있는 사람이라고 하였는데, 면접 도중 그러한 모습이 드러났던 것이었습니다.

면접은 면접 대상자가 지원한 직무의 조건이 무엇인지, 기대에 부합하는지 여부를 알 수 있어야 하며, 면접관은 지원자가 채용해야 하는 직무의 요건을 충족하는지 여부를 판단할 수 있어야 가장 이상적입니다.

그렇기 때문에 면접관의 독백이 아닌 대화가 중요하다고 강조하는 것입니다.

예를 들어, 면접관은 면접 대상자에게 자신이 제안하는 직무의 요구 사항에 대해 알려야 합니다:

- **일반 요구 사항:**
  - 의료기록의 적절한 관리와 같은 내부 프로토콜을 숙지하세요.
  - 다음의 동물병원 내부 정책에 대해 숙지하세요.
  - 전화 응대 및 고객 응대 방법.
  - 사전 동의서를 작성하는 방법.
  - 고객 및 동료와의 갈등을 관리하는 방법.
  - 복장 규정.
  - 행동 강령(핵심 가치).
  - 근무 시간, 휴일 및 급여.

- **교육 요구 사항:**
  - 가장 흔한 질병에 대한 진단 프로토콜을 알아보세요.
  - 다음의 내용을 숙지하세요.
  - 가장 일반적인 치료 프로토콜(예: 입원 환자의 통증 관리)
  - 환자의 전원 기준.
  - 건강, 예방접종 및 구충 계획에 대한 프로토콜.
  - 마취: 마취 전 검사, 진정 및 마취 프로토콜.

당신이 졸업 예정이거나, 이미 학위를 받고 현재 구직 중인 경우라면, 위의 사항을 참고하여 면접을 더 잘 준비할 수 있습니다. 면접을 진행하는 병원에서 요구하는 조건에 대해 가능한 한 많이 알아보세요.

선발 면접을 잘 준비하는 것은 왜 중요한가요?

면접 대상자 입장에서는 면접을 잘 준비할 경우, 채용 가능성이 기하급수적으로 높아집니다. 그뿐만 아니라 채용될 경우, 성공적인 업무를 위해 필요한 요소를 파악할 수 있기 때문에 면접을 잘 준비할 필요가 있습니다.

면접관 입장에서는 채용할 지원자를 파악하고 직무 요건을 충족하는지 확인하는 데 도움이 되기 때문에 중요하며, 서로에게 감이 통하는지 확인하는 데 도움이 될 수 있습니다.

면접은 어떻게 진행되나요?

이상적으로는 대화대화가 있어야 하지만, 실제로 많은 경우 면접관(보통 동물병원 원장) 혼자만 자신이 원하는 것과 해줄 수 있는 것을 말합니다. 결국 면접 대상자에 대해서는 알 수 없습니다.

당신이 면접을 진행하는 경우:

- 편안한 분위기를 조성하세요.
- 면접의 목적을 명확히 합니다.
- 면접에 필요한 질문을 준비합니다.
- 말하기보다 경청하세요. 정말 중요한 것은 동물병원의 장점을 홍보하는 것이 아니라, 지원자에 대해 아는 것입니다.
- 상대방이 마음에 든다거나 친절하다고 해서 채용하는 것은 피하세요. 아래에서 면접에서 해야 할 질문과 하지 말아야 할 질문의 목록을 확인할 수 있습니다.

면접 질문 목록

- 이전 직장을 그만두게 된 이유는 무엇인가요?
- 이전 직장에서 가장 마음에 들었던 점과, 가장 마음에 들지 않았던 점은 무엇인가요?
- 이 일에 관심을 갖게 된 이유는 무엇인가요?
- 자신의 강점을 말씀해 주시겠어요?
- 약점을 몇 가지 말씀해 주시겠어요?

- 자신을 사람 중심적이라고 생각하시나요, 아니면 업무 중심적이라고 생각하시나요? 그 이유를 설명해 주시겠어요?
- 우리 수의사들은 모두 '와일드카드'와 같은 존재인데, 멀티태스커가 되려면 어떻게 해야 할까요?
- 당신의 가장 큰 세 가지 전문능력(혹은 업적)은 무엇인가요(전에 일을 해 본 적이 없다면)?
- 바쁜 날 불친절하고 지나치게 까다로운 고객을 만나면 어떻게 하시겠습니까?
- 보호자나 동료, 선배 수의사와의 갈등이 있었던 상황을 설명해 주시겠어요? 어떻게 대처했고 어떻게 해결되었는지 설명해 주시겠어요?
- 성공적인 동물병원을 위한 세 가지 필수 요소는 무엇이라고 생각하시나요?
- 여러분에게 성공이란 무엇인가요?

이러한 질문의 중요성은 면접 대상자가 과거의 행동에 대한 이야기를 하도록 유도하여 미래의 행동을 예측할 수 있다는 점입니다.

다시 한번 강조하지만, 면접을 볼 예정이라면 최대한 많은 질문에 대한 답변을 미리 준비하세요. 그러면 더 편안하고 자신감 있는 모습을 보여줄 수 있습니다.

면접관이 가상의 상황을 만들어 면접 대상자에게 할 수 있는 몇 가지 질문은 다음과 같습니다:

1. 보호자가 더 믿을 수 있는 다른 수의사에게 진료를 보고 싶다고 요청하면 어떻게 하시겠습니까?
2. 당신이 보호자와 상담을 했으나, 상담 후에는 보호자가 원장 수의사에게 치료를 받겠다고 예약을 잡으신다면 어떻게 하시겠어요?
3. 보호자가 약속 시간에 늦었지만, 기다려달라고 요청하는 경우 어떻게 하시겠습니까?
4. 면접 대상자는 필체와 맞춤법 실수 가능성을 평가하기 위해 어떠한 주제에 대한 간단한 글을 작성하도록 요청받을 수 있습니다.
5. 간단한 수학 테스트를 통해 투약량 계산을 할 수 있는지 확인할 수 있습니다.

개인 메모

다른 방에서 대화를 이어가야 한다는 핑계로 면접대상자에게 병원 복도를 함께 걸어가자고 부탁하곤 했습니다. 저는 양손 가득 물건을 들고 걷다가, 일부러 바닥에 무언가를 떨어뜨리곤 했습니다.

이를 통해 면접대상자가 짐을 나눠서 들겠다고 제안했는지, 제가 '떨어뜨린' 물건을 주우려고 허리를 굽힐 의향이 있는지 확인할 수 있었습니다.

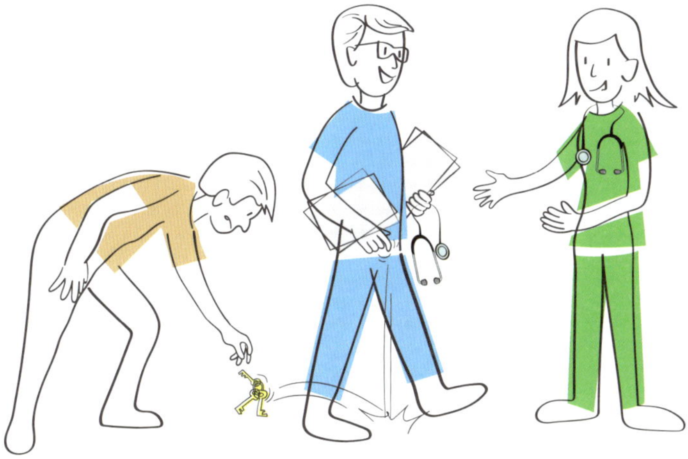

면접 대상자인 경우 팁을 알려주세요:

1 사전 준비:

- 웹사이트와 SNS를 통해 누가 근무하는지, 어떤 전공을 가지고 있는지, 병원 구조는 어떤지, 개원한 지는 얼마나 오래됐는지, 동물병원의 비전과 사명, 가치관은 무엇인지, 어떤 종류의 종류의 고객이 내원하고 있는지, 시설과 장비는 어떤지 등 병원에 대해 최대한 많은 정보를 알아보세요.
- 위 목록에서 질문을 준비하세요.
- 친구와 함께 면접 연습을 하고 친구에게 질문을 읽어 달라고 부탁하세요.

2 시간 엄수 및 복장:

- 정시에 도착하거나 조금 일찍 도착하는 것이 좋습니다(병원 환경에 익숙해지고 어떤 느낌인지 확인할 수 있도록).
- 면접에 많은 신경을 썼다는 것을 보여줄 수 있는 복장을 하되, 과하게 꾸미지는 마세요. 티셔츠, 반바지, 슬리퍼를 신거나 아이스크림을 먹지 마세요(위의 모든 것들은 놀랍게도 실제로 일어났던 일이며, 문제의 사람은 즉시 면접에서 탈락했습니다).

3 의사소통 측면:

- 단답으로 대답하지 마세요.
- 이전 원장이나 동료에 대해 험담하지 마세요.
- 몸의 자세를 신경 쓰고, 미소를 지으며, 허리를 곧게 펴고, 팔을 편안하게 하고, 펜을 가지고 놀지 마세요.
- 거짓말을 하거나 성과를 과장하지 마세요.
- 원하는 바를 확실하게 알 수 있도록 질문해 달라고 요청하세요.
- 이야기를 들려주세요.
- 나를 추천한 사람들의 후기를 활용하세요.

4 태도 측면:

- 열정을 보여주세요.
- 일하고자 하는 동물병원에서 달성한 성과를 존중하는 태도를 보여주세요.
- 무슨 일이 있더라도 면접에 응해준 시간에 감사하는 마음을 가지세요.
- 취업에 실패했다면 그 이유를 알아보고 다음 기회를 위해 노력하세요.
- 자신을 낮추지 않고 반대의견을 수용하고 자신에게 유리하게 활용하는 방법을 배우세요. 예를 들어, "경험이 부족하다"는 말을 들었을 때 다음과 같이 답할 수 있습니다. "네, 맞습니다. 그래서 저는 당신이 찾고 있는 사람이라고 생각합니다. 나는 나쁜 습관도 없고, 일하는 방식도 다르지 않을 것이며, 빨리 배우고 문제없이 적응할 것입니다. 나는 문제를 일으키지 않을 것이며, 누구나 저처럼 이렇게 시작하지 않을까요?"라고 대답할 수 있습니다.

면접관에게 좋은 인상을 주기 위해 할 수 있는 질문입니다:

질문	혜택
제가 합격했다고 가정했을 때, 이 동물병원에서 성공하는 방법에 대해 어떤 조언을 해주시겠어요?	**1.** 조언을 구하는 것은 언제나 질문자에게 칭찬입니다. **2.** 존중과 신뢰를 보여주세요. **3.** 관심의 증거.
제가 합격했다고 가정했을 때, 여기서 성공하기 위해 하지 말아야 할 것은 무엇인가요?	**1.** 넘지 말아야 할 선을 알 수 있습니다. **2.** 존중과 신뢰를 보여주세요. **3.** 관심의 증거.
내가 일을 잘하고 있는지 어떻게 알 수 있나요?	**1.** 성과가 어떻게 평가되는지 알아보세요.
앞으로 이 동물병원에서 제 경력을 어떻게 발전시킬 수 있나요?	**1.** 중장기적인 계획에 대한 관심을 보여줍니다. **2.** 이를 통해서 병원에 대한 분명한 중장기적인 계획이 있는지 아니면 임시방편으로 할 일만 찾고 있는지를 알 수 있습니다.

겉보기에는 무해해 보이지만 차별적 요소가 있는 질문으로 간주되어 법정까지 갈 수도 있는 면접에서 물어서는 안 되는 질문이 있습니다.

종교, 출생지, 인종, 혈통, 나이, 특정 단체의 회원, 성적 취향 또는 건강 기록과 관련된 문제에 대해 질문할 때는 주의를 기울여야 합니다.

당신은 질문을 받으면 대답하지 않을 권리가 있으며, 상대방의 나쁜 태도가 지속될 경우 불만을 제기할 수도 있습니다. 이렇게까지 해야 하는 상황이 걱정된다면, 최소한 이 사람이 함께 일하고 싶은 사람인지 스스로에게 물어보세요.

면접을 잘 준비한다고 해서 합격이 보장되는 것은 아니지만, 최선을 다해 준비했다는 사실은 잊지 마세요. 면접은 비슷한 관심사를 가진 두 사람이 서로 만나 서로가 서로에게 도움이 될 수 있는지를 확인할 기회를 갖는 시간과 장소라는 것을 기억하세요.

동물병원 첫 출근날 성공의 열쇠

당신은 정치를 하지 마세요. 나쁘게만 할 수 있습니다. 세상에서 인간 관계가 중요하지 않은 유일한 곳은 다른 사람들과 멀리 떨어진 무인도뿐입니다.

Al Bernstein

병원의 전략이 아무리 훌륭하고 수의사가 아무리 뛰어나더라도 병원의 문화는 그 병원의 모든 것을 망쳐버릴 수도 있습니다.

당신은 정치를 좋아하지 않을 수도 있지만 무시할 수도 없습니다. 첫 직장에 막 입사를 했든, 다른 동물병원에서 이직을 했든, 승진을 했든 간에 이 점을 염두에 두는 것이 매우 중요합니다.

Antonio의 사례를 살펴보겠습니다.

Antonio는 'El Hayedo' 동물병원에 채용되었습니다. 그는 풍부한 경험을 가진 수석 수의사로서 훌륭한 이력을 가지고 있기 때문에 채용되었습니다. 하지만 뭔가 이상합니다. 그는 동물병원에 온 지 한 달밖에 되지 않았지만, 벌써 수의사와 간호사의 생일 파티에 두 번이나 빠졌습니다. 그를 제외한 모든 병원 직원이 참석했습니다. 다른 사람들은 모두 생일선물을 사기 위해 돈을 냈으나 그는 내지 않았습니다. 그가 말한 대로, 그는 이런 종류의 것에 관심이 없습니다.

그것만으로는 충분하지 않은 듯, 그는 처음부터 병원에서 관습적으로 행해져 온 특정 프로토콜에 동의하지 않았습니다. Antonio는 혼자라 느꼈고, 팀원들은 그를 불편해 했습니다. 이제 겨우 한 달이 지났지만, 그는 분명히 팀에 적응하지 못하고 있습니다.

동물병원에서 좋은 출발을 위한 5가지 핵심요소를 알고 계신가요?

키 1	키 2	키 3	키 4	키 5
성공이란 여러분과 동물병원에서 어떤 의미를 갖는지 생각해 보세요.	당신이 원장을 어떻게 도울 수 있는지 고민해 보세요.	동물병원의 문화를 파악해서 적응할 방법을 찾아보세요.	가장 영향력 있는 직원과 친하게 지내세요.	함정을 피하세요.

좋은 출발을 위한 핵심요소를 아는 것이 왜 중요한가요? 동물병원에서 일을 시작해야 하는 상황이라면 좋은 출발을 하는 것이 도움이 될 것입니다:

- 좋은 첫인상을 남기세요.
- 동물병원의 문화를 숙지하세요.
- 위에 예를 든 Antonio가 저지른 실수처럼 중대한 실수를 피하세요.
- 자신감을 키우세요.
- 동물병원에서 당신의 자리를 굳건히 하세요.
- 기대치를 높이고 뛰어넘을 방법을 알아두세요.

다섯 가지 핵심 요소에 대해 좀 더 자세히 알아봅시다.

원장, 본인, 그리고 동물병원에 있어 성공이 어떤 의미인지 정의하세요.

주의: 여기서는 행간을 읽는 법을 배우는 것이 매우 중요합니다. 업무 설명서에서 읽었거나 들은 내용과 실제로 평가를 받은 구체적인 행동은 다릅니다.

다음은 예시입니다.

한 병원에서 새로 고용된 수의사 Ivan은 근무 시작 시간은 9시, 퇴근 시간은 20시이며 정오에 3시간의 휴식 시간이 있다는 말을 들었습니다. 또한 원장은 그에게 궁금한 점이 있으면 걱정하지 말고 물어보라고 말했습니다. 다행히도 Ivan은 모든 사람들이 보통 옷을 갈아입고 함께 커피를 마시기 위해 출근시간보다 10~15분 일찍 온다는 사실을 알았습니다.

그래서 팀의 일원이 된 것을 축하하는 의미로 커피 페이스트리 한 상자를 동료들에게 깜짝선물하여 자신에 대한 기대치를 높일 수 있었습니다. 처음부터 좋은 유대감을 형성한 덕분에 그는 원장이 질문받는 것은 좋아하지만(불필요한 실수를 피하기 위해) 같은 질문을 여러 번 받으면 매우 화를 낸다는 사실을 알게 됩니다. 그래서 그는 항상 주머니에 작은 노트를 가지고 다니며 얻은 모든 팁과 아이디어를 적기로 결심합니다. 이를 이용하면 미래에 받을 수도 있는 반복적인 질문으로 원장과 동료들이 화를 내는 상황을 피할 수 있습니다.

원장을 도울 수 있는 방법을 알아보세요.

우리 모두가 저지르는 가장 흔한 실수 중 하나는 자신에게 너무 집중하는 것입니다. 이는 직원으로서 원장에게 부정적인 영향을 미칠 수 있습니다.

원장은 여러분이 일을 잘 하고, 문제를 일으키지 않으며, 문제가 발생하면 해결책을 제시하기를 기대한다는 점을 명심하세요. 원장이 가장 싫어하는 것 중 하나는 직원이 항상 문제를 가지고 찾아오지만 해결책을 제시하지 않는 것입니다. 당신이 팀에 합류하여 원장이 안도감과 만족감을 느낀다면, 당신은 동물병원에서 좋은 출발을 한 것입니다.

동물병원의 문화를 살펴보고 적응하는 방법을 알아보세요.

스페인 속담에 "당신이 가는 곳이 어디든지, 당신이 보는 대로 해라"라는 말이 있습니다. 신입 사원들이 흔히 저지르는 실수는 자신이 매우 독특하고 특별한 사람인 것처럼 행동하는 것입니다. 하지만 그 반대가 될 수 있으니 주의하세요. 잘못하면 '괴짜'처럼 보이고 팀원들의 의심을 불러일으킬 수 있습니다.

가장 영향력 있는 직원과 가까워지세요.

이어서 "누구와 어울리는지 말해주면 당신이 누구인지 알려 주겠다"라는 속담을 살펴봅시다.

연구에 따르면 가장 많은 시간을 함께한 5명의 사람이 당신이 앞으로 어떤 사람이 될지를 결정한다고 합니다. 이를 동물병원에 대입해 보겠습니다. 선택의 여지가 있다면, 항상 동물병원의 가치와 문화를 가장 잘 대변하는 사람들과 더 많은 시간을 보내도록 노력해야 합니다. 그들에게서 배우고, 그들의 행동을 본받아 행동하고, 그들이 당신의 직위에 있을 때 하던 방식대로 행동하고, 무엇보다도 아무도 보지 않을 때에도 옳은 일을 하세요.

함정을 피하세요.

당신의 전문적인 커리어에 가장 도움이 되는 것 중 하나는 어떤 일을 하든 항상 예상치 못한 장애물이 있을 것이라고 생각하는 것입니다.

저의 첫 코칭 선생님인 Joseph O'Connor는 저에게 다음과 같은 문구를 가르쳐 주셨습니다. "예상치 못한 상황을 기대합니다."

저는 이 말 뒤에 숨어 있는 지혜를 여러 번 알아차렸고, 수년 동안 이러한 잠재적 함정을 미리 알아차릴 수 있는 방법을 고민해 왔습니다.

다음은 좋은 출발을 위해 각각의 핵심요소에 대해 스스로에게 물어볼 수 있는 질문 목록입니다:

1 원장을 도울 수 있는 방법을 알아보세요.

- 원장이 바라는 것은 무엇인가요?
- 대화 스타일은 어떤가요?
- 어떤 방법으로, 얼마나 자주 교육을 받고 싶으신가요?
- 가장 좋아하는 직원은 누구이며 그 이유는 무엇인가요?
- 도움이 되는 핵심요소는 무엇인가요?
- 얕보이지 않으려면 어떻게 해야 하나요?

- 그와 함께 일할 때 하지 말아야 할 것은 무엇인가요?
- 원장에게 위의 모든 사항에 대해 어떻게 물어볼 수 있을까요?
- 원장을 잘 아는 사람에게 위의 모든 사항에 대해 물어볼 수 있나요?

2 동물병원의 문화가 어떤지 알아보고 적응하는 방법을 알아보세요.

- 동물병원의 가치는 무엇인가요?
- 어떤 불문율이 허용되나요?
- 어떤 행위가 용납되지 않거나 눈살을 찌푸리게 하나요?
- 이러한 가치를 가장 잘 보여주는 사람은 누구일까요?
- 본보기로 선택할 수 있는 가장 좋은 사람은 누구인가요?
- '괴짜'로 보이지 않으려면 어떻게 해야 하나요?

3 가장 영향력 있는 직원과 가까워지세요.

- 가장 영향력 있는 직원은 누구인가요?
- 왜 그럴까요?
- 공식 리더는 누구인가요?
- 비공식적인 리더가 있나요?
- 만만한 초보자처럼 보이지 않고 접근하려면 어떻게 해야 하나요?
- 해가 되는 직원이 있나요?
- 해가 되는 이유는 무엇인가요?
- 충돌을 일으키지 않고 그를 피하려면 어떻게 해야 하나요?

4 함정을 피하세요.

- 첫 30일 동안 어떤 가장 영향력 있는 직원과 충돌을 피해야 하나요?
- 정보를 얻고 취합할 때까지 어떤 관심 많은 주제를 피해야 하나요?
- 무엇을 하지 말아야 하나요?
- 어떤 말을 하지 말아야 하나요?

위의 모든 사항을 통해 좋은 출발을 할 수 있는 탄탄한 기반을 마련했을 것입니다. 이제부터는 갑작스러운 장애물만 조심하면 됩니다.

위의 질문에 대한 답변은 많은 도움이 되겠지만, 그것만으로는 충분하지 않다는 것을 기억하세요. 앞서 말했듯이 팀에 적응하는 데에도 도움이 될 것입니다.

추천 참고 문헌

1. Barker E. *Barking up the wrong tree*. HarperCollins, 2017.
2. Center for Executive Coaching: https://www.centerforexecutivecoaching.com/. Quiero agradecer a Andrew Neitlich, su generosidad a la hora de dejarme adaptar su herramienta "Success in a new role" para el apartado "Claves para tener éxito en los primeros días en la clínica".
3. Díaz MA. *7 claves para dirigir con éxito la clínica* veterinaria. Editorial Servet-Grupo Asís, 2015.

CHAPTER 3

동물병원의 재무 상태 모니터링

소개

어떤 수의사가 환자의 임상 소견을 분석하지 않고 임상 사례의 진단, 치료 및 후속 조치를 수행하는 것을 어떻게 생각하나요?

체온이나 심박수를 측정하지 않고, 혈액이나 소변 검사를 하지 않고, 병원에 방사선이나 초음파 장비가 없어도 좋은 임상 진료를 할 수 있을까요?

일련의 경제 지표를 정기적으로 분석하지 않고 동물병원의 경제적 건전성을 논하는 것은 이치에 맞지 않습니다. 하지만 동물병원을 운영하는 수의사들은 전 세계 대다수의 수의과대학에서 수입의 추세와 질, 진료실에서 보호자를 진료할 때마다 발생하는 분당 비용, 병원 비용을 충당하기 위해 매일 치료해야 하는 최소 개/고양이 수 등을 분석하는 방법을 배우지 못한 채 이러한 문제에 직면하고 있습니다.

이 장의 학습 목표

1. 좋은 관리 지표와 그렇지 않은 지표에 대한 이해(KPI: *핵심 성과 지표*)를 동물병원의 맥락에서 살펴봅니다.
2. 일부 지표의 계산 및 해석에 익숙해지기 위해 동물병원의 수익과 비용 양측에서 중요한 요소입니다.
3. 지표 결과에 대한 유효한 비교 기준을 설정합니다(*벤치마크*, 일정 기간에 걸친 자기 비교 등).
4. 이러한 지표의 성과를 개선하기 위해 어떤 조치가 도움이 될 수 있는지 이해하고, 회사(동물병원)의 경제적 성과를 직원들과 공유하는 것이 적절한지 생각해 봅니다.

OBJETIVOS

이 장의 학습 목표에 대한 Pere Mercader의 동영상입니다.

수의학 관리 아카데미의 모듈 3.

이 장에서는 동물병원 소유주가 비즈니스의 경제적 건전성을 적절히 모니터링할 수 있도록 개념적, 실무적 토대를 마련할 것입니다.

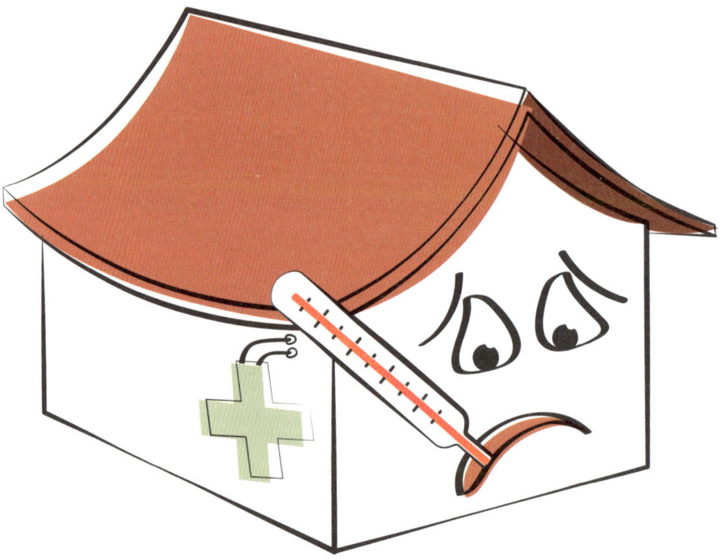

동물병원의 재무 상태를 모니터링해야 하는 이유는 무엇인가요?

2004년 미국수의사협회(AVMA)는 동물병원에서 모범적인 비즈니스 관리 관행을 사용하는 것이 수의사의 수익에 미치는 영향에 대한 광범위한 연구*를 실시했습니다.

*Volk JO, Felsted KE, Cummings RF 등. AVMA- 화이자 비즈니스 관행 연구 요약. 2005; 226(2):212-218.

AVMA는 다변량 통계 모델을 사용하여 21가지 경영 관행이 수의사의 수입에 미치는 영향을 분석했습니다.

동물병원의 재무 정보 검토 빈도에 대한 결과는 어땠나요?

- 분석 사례 중 하나는 동물병원의 재무 정보, 특히 수입 변화와 동물병원의 주요 경제 지표를 검토하는 빈도였습니다.
- 수의사들은 이 추적 관찰을 매월, 분기별, 매년 또는 전혀하지 않는지에 대해 질문했습니다. 이 응답은 수의사의 수입 수준과 상관관계가 있었습니다.

더 많이 검토한 수의사들은 연간 수입에서 수천 달러의 차이가 있는 것으로 나타났습니다. 동물병원의 경제 정보를 자주 확인하세요!

위에서 설명한 측면 외에도 수의사의 '**기업가적 지향성**'을 고려하는 것도 중요합니다. 다음 동영상에서 이에 대한 명확한 예를 확인할 수 있습니다.

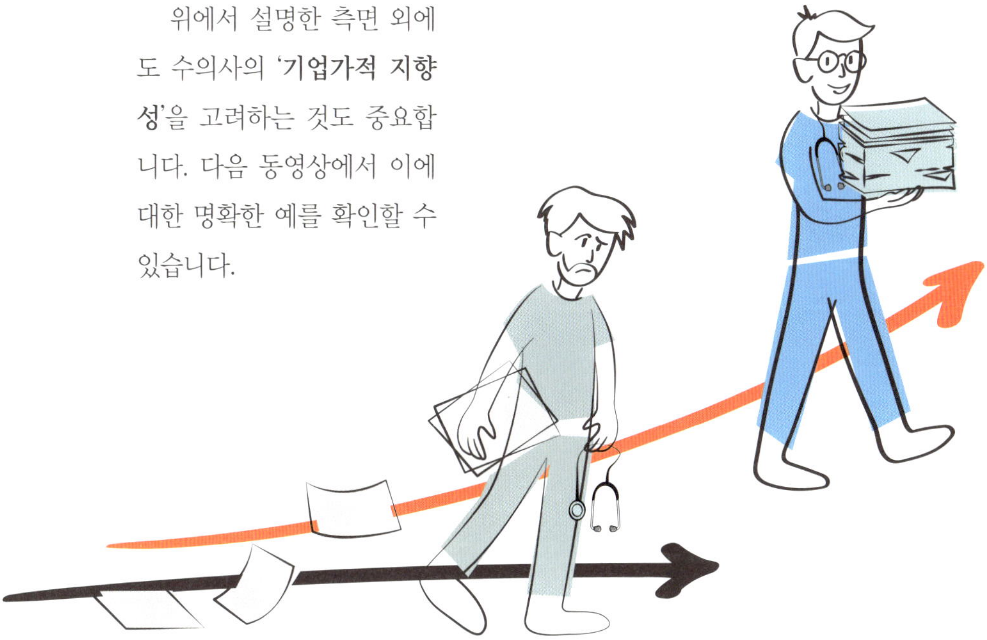

기업가적 오리엔테이션에 대한 Pere Mercader의 동영상과 AVMA 연구 결과.

수의학 관리 아카데미의 모듈 3.

수의사의 연간 수입에 미치는 영향만으로도 동물병원의 재정 상태를 적절하고 자주 모니터링하는 것이 정당화될 수 있지만, 그 외에도 똑같이 중요하거나 더 중요한 이유들이 있습니다.

동물병원(및 동물병원 소유주)은 다양한 *이해관계자에* 대해 여러 가지 책임을 집니다.

1 보호자 앞에서

반려동물 보호자는 필요한 수준의 장비와 전문 지식을 갖추고 세심하고 정직하며 양질의 서비스를 제공할 책임이 있습니다.

2 환자의 앞에서

우리의 전문적인 책임이 우선되는 대상은 바로 반려동물들 자체입니다.*

3 직원 여러분께

우리는 직원들의 근무 조건과 전문성 개발에 대해 존중과 책임감을 가지고 대할 것입니다.

4 공급업체에게

상생 원칙에 기반한 협력 관계를 구축하고자 하는 비즈니스 *파트너*.

5 공공 관리 이전

당사의 법적, 보건 및 납세 의무에 대해 보고할 대상.

6 전문가 동료들 앞에서

나머지 수의사들은 직업 윤리 기준을 준수하여 우리 직업의 좋은 집단적 이름을 보존합니다.

좋은 수의학을 실천하는 것은 좋은 사업이 될 수 있지만, 수의학 사업이 잘 관리되지 않으면 좋은 의학을 실천하는 것은 불가능합니다.

좋은 수의학을 실천하려면 좋은 시설, 장비, 기술, 잘 훈련되고 지속적으로 업데이트되는 전문가가 필요합니다.

따라서 수익성 있는 동물병원을 운영하는 것은 매우 중요합니다. 이는 단순히 이익을 쌓기 위한 것이 아니라, 병원의 존재 이유를 실현하기 위함입니다.

*전문직 선서 예시는 WSAVA 웹사이트(wsava.org)에서 확인할 수 있습니다.

KPI란 무엇이며 어떻게 분석되나요?

KPI(*핵심 성과 지표*)는 기업이 목표를 달성하고 있는 정도를 평가하여 그 이유에 대한 정보를 제공하고 시정 조치를 촉구하는 데 도움이 되는 척도입니다.

KPI의 예로 진단 비율에 대한 Pere Mercader의 동영상 입니다.

수의학 관리 아카데미의 모듈 3.

다음 사례 연구를 살펴보겠습니다:

이네스는 동물병원 '플루토'의 소유주이자 관리자입니다. 지난 2년간 동물병원 관리에 100% 전념해왔기 때문에 더 이상 임상 업무를 수행하지 않습니다.

이네스는 동물병원의 다양한 지표를 분석하던 중 지난 한 달 동안 동물병원의 진단율이 17%에 불과한 저조한 수치를 발견했습니다.

로라, 카를로스, 마르타는 동물병원의 세 명의 수의사입니다:

로라는 동물병원의 주니어 수의사(경력 2년)로, 주로 예방의학 관련 진료와 인수공통전염병 예방에 주력하고 있습니다. 수컷, 암컷 중성화의 경험이 있습니다.

카를로스는 외상 및 신경과 케이스에 최대한 집중하는 수석 수의사로, 그는 진정한 열정을 가지고 있습니다.

마르타는 내과와 초음파에 특별한 관심을 가지고 있는 만능 엔터테이너입니다.

이 표에는 지난 6개월 동안 세 수의사의 청구 정보가 나와 있습니다:

		1개월	2개월	3개월	4개월	5개월	6개월	누적
로라	진단 테스트*	1.450	1.280	1.270	1.060	1.190	1.320	7.570
	총 수입	7.560	6.980	8.145	7.200	8.640	12.540	51.065
카를로스	진단 테스트	1.850	2.300	2.770	2.180	2.980	2.140	14.220
	총 수입	9.800	12.350	11.860	11.450	14.700	9.900	70.060
마르타	진단 테스트	2.380	2.020	3.160	2.020	1.980	1.790	13.350
	총 수입	10.600	8.950	11.900	9.750	10.380	8.450	60.030
총계	진단 테스트*	5.680	5.600	7.200	5.260	6.150	5.250	35.140
	총 수입	27.960	28.280	31.905	28.400	33.720	30.890	181.155

* 진단 검사: 분석, 진단 영상(엑스레이, 초음파, 심전도 등).

아래에서 지난 6개월 동안 세 명의 수의사 각각과 동물병원 전체에 대해 계산된 진단 비율을 확인할 수 있습니다.

		1개월	2개월	3개월	4개월	5개월	6개월	누적
로라	진단 비율	19,2 %	18,3 %	15,6 %	14,7 %	13,8 %	10,5 %	14,8 %
카를로스	진단 비율	18,9 %	18,6 %	23,4 %	19,0 %	20,3 %	21,6 %	20,3 %
마르타	진단 비율	22,5 %	22,6 %	26,6 %	20,7 %	19,1 %	21,2 %	22,2 %
총계	진단 비율	20,3 %	19,8 %	22,6 %	18,5 %	18,2 %	17,0 %	19,4 %

또한 세 명의 수의사와 동물병원 전체의 6개월 동안의 추세를 살펴볼 수 있습니다:

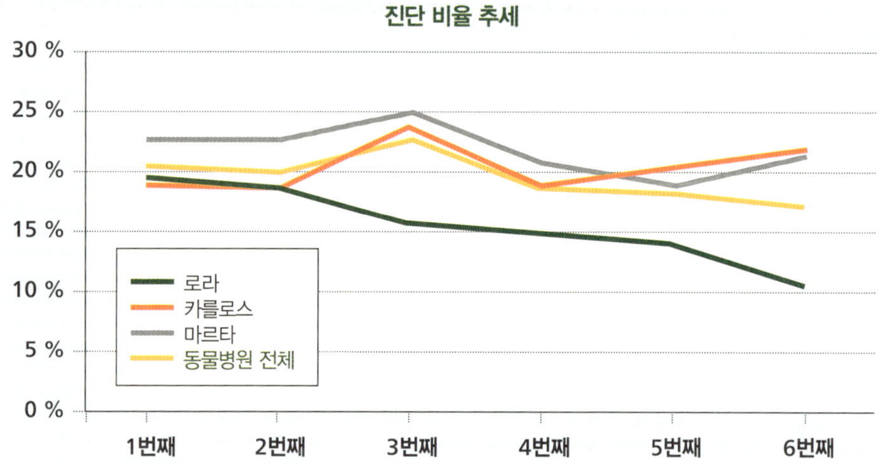

이 데이터에서 어떤 세 가지 결론을 도출할 수 있을까요?

1. 젊은 수의사들 사이에서 특히 뚜렷한 하락세가 나타난다.
2. 로라의 경우 걱정스러운 점은 평균이 낮다는 것보다도 하락 추세이다.
3. 각 수의사는 다루는 케이스에 따라 다른 특성을 보인다.

병원 입원 환자의 건강 모니터링

동물병원의 입원을 추적하기 위해 세 가지 유형의 분석에 중점을 둡니다:

1. 수익 구성 분석.
2. 수익 추세 분석.
3. 가치/거래량 분석.

수익 구성 분석

클라우디아가 다음과 같은 동물병원의 소유자라고 가정해 보겠습니다. 의료 서비스 활동의 수입 구성 비율(표 참조).

우선, 예방접종이나 상담/방문과 같은 항목들의 비중이 상당히 큰 것이 눈에 띕니다. 하지만 클라우디아가 수의학 비즈니스 관점에서 이러한 수입 구성이 균형 있고 건강한지 어떻게 판단할 수 있을까요? 예를 들어, 수술의 비중이 병원 운영에서 너무 크거나 작지는 않은지 어떻게 알 수 있을까요?

클라우디아는 비즈니스 어드바이저와 상담하며, 어드바이저는 두 가지 기준을 사용할 것을 제안합니다.

수의 서비스	비율
수술(멸균)	4%
수술(휴식)	5%
입원	1%
백신	42%
상담/방문	32%
진단 영상	6%
실험실/분석	9%
긴급 상황	1%
종합 수의학 서비스	100%

- 섹터 ***벤치마킹***: 이는 우리 병원을 동일한 지역 내 유사한 병원들과 비교하여 중요한 차이점을 발견하는 것을 의미합니다.
- **ISP**(가격 민감 수익) 비율: 가격 민감도는 특정 제품의 판매량 변화를 의미하며, 수의학에서의 수요 탄력성은 병원의 가격 변화에 따른 수익의 변화를 반영합니다. 이는 경제학자들이 사용하는 "수요의 가격 탄력성" 개념과 유사합니다.

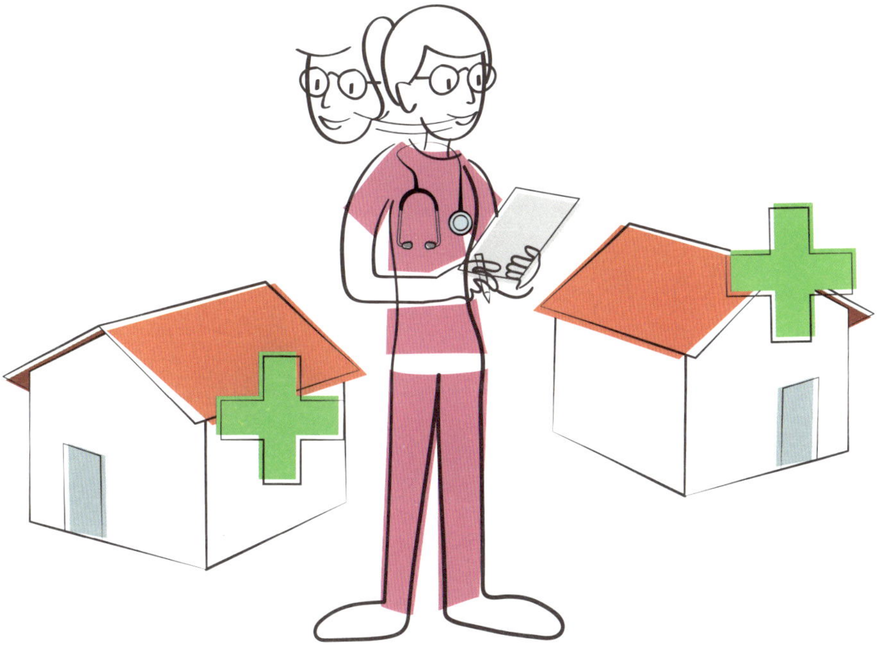

ISP 비율이 무엇을 의미하는지 자세히 살펴보겠습니다.

수의학 분야에는 가격에 민감한 서비스가 많아 가격을 올리거나 내릴 때 판매량이 빠르게 증가하거나 감소합니다.

가격에 가장 민감한 서비스의 특징은 무엇인가요?

- 계획적으로, 즉 집에서 "우리 고양이에게 ~~가 필요하다"고 결정합니다(예: 내 고양이가 심장사상충 예방이 필요하다).
- 반려동물 보호자는 일반적으로 모든 병원에서 제공하는 표준 서비스이므로 가격을 알고 있거나 최소한 참고할 수 있습니다.
- 반려동물 보호자가 동물병원에 전화해 서비스 가격을 문의하고 병원 간 가격을 비교하는 것도 흔한 일입니다.
- 이러한 서비스는 기술적으로 복잡하지 않고 반려동물에게 위험하지 않으며, 반려동물 보호자도 그렇게 인식하고 있습니다.

반면에 가격에 덜 민감한 다른 서비스들은 가격을 인상하거나 인하해도 수요 변동이 크지 않습니다.

가격에 덜 민감한 서비스를 이용할 수 있는 조건은 무엇인가요?

- 반려동물 주인이 거의 또는 전혀 요청하지 않는 서비스는 다음과 같습니다:
  - 어려운 진단 검사
  - 수술 및 복잡한 치료
  - 장기적인 재활 및 전문적 관리
- 계획적으로, 즉 집에서 "우리 고양이에게 ~~가 필요하다"고 결정하지 않으며, 반대로 수의사가 먼저 이 서비스를 제안합니다.
- 대부분의 반려동물 주인은 이러한 서비스의 가격을 모릅니다. 이는 그들의 반려동물이 이전에 이러한 서비스가 필요하지 않았거나, 다른 반려동물 주인들 중에도 이런 경험을 가진 사람이 드물기 때문입니다.
- 반려동물 주인이 병원에 전화를 걸어 이 서비스의 가격을 문의하는 일은 매우 드물며, "제가 여쭤봐서 죄송하지만, 어떻게 우리 고양이에게 이런 진료가 필요하다고 생각하시나요?"와 같은 자연스러운 질문이 이어질 것입니다.

이 예시를 계속 진행하면서 클라우디아는 컨설턴트가 제공한 전문 간행물을 통해 동물병원의 수익 구성 측면에서 예상되는 외부 참조 자료(부문별 *벤치마크*)를 확보하고 자신의 병원과 비교합니다:

수의학 서비스	클라우디아의 클리닉	평균 진료소 수	평균 병원 수
수술(멸균)	4%	3%	2%
수술(비멸균)	5%	13%	18%
입원	1%	2%	12%
백신	42%	30%	13%
상담/방문	32%	30%	21%
진단 영상	6%	8%	11%
실험실/분석	9%	12%	14%
긴급 상황	1%	2%	9%
종합 수의학 서비스	100%	100%	100%

동물병원 모델에 따라 기준값이 어떻게 변화하는지 살펴볼 필요가 있습니다. 예를 들어, 심화진료를 보는 동물병원은 일반 동물병원보다 비례적으로 더 많은 수술, 더 많은 진단 검사, 더 많은 입원 및 응급상황을 수행한다고 예상할 수 있습니다.

수익 추세 분석

펠리페는 6명의 직원이 근무하는 수의학 센터의 소유주로, 올해 상반기 병원의 수익을 분석하고 있습니다. 그는 수익을 관리 과정에서 배운 대로 같은 해의 직전 반기와 비교하지 않고, 작년 상반기와 비교하고 있습니다. 이는 계절적 요인으로 인한 왜곡을 피하기 위함입니다.

펠리페는 수익 감소를 인지했지만, 여러 가지 일로 매우 바빠서 자세한 분석에 시간을 많이 할애할 수 없습니다. 그는 정말 중요한 문제들을 우선적으로 해결하고자 합니다.

수의학 서비스	전년도 1분기	올해 1분기	변동률 %(증가/감소)
상담	45.289	46.834	↑
백신	61.623	62.623	↑
실험실/분석	33.417	35.777	↑
진단 영상	39.417	31.777	↓
중성화 수술	22.117	25.729	↑
기타 수술	84.792	82.111	↓
입원	14.211	10.234	↓
종합 수의학 서비스	301.106	295.306	↓

올바른 수익 추세 분석을 위해서는 다음과 같은 측면을 고려하는 것이 중요합니다:

- 월별, 분기별, 반기별 또는 연간 기간을 분석합니다. 하지만 항상 전년도 같은 기간과 비교합니다(따라서 계절적 영향을 제거합니다).
- 백분율 변화 분석으로 시작한 다음 더 자세한 분석을 계속할 수 있습니다. 절대적인 변화(유로화 기준)가 가장 관련성이 높습니다.

- 나쁜 결과에 대해 빠르고 직관적이며 명확한 설명이 있을 때 (예: "진단 영상 수익이 감소한 이유는 X-ray 기계가 4개월 동안 고장났기 때문이다"), **추가적인 분석에 시간을 투자하기보다는 문제를 해결하는 데 집중해야 합니다.**
- 나쁜 결과에 대해 빠르고 직관적이며 명확한 설명이 없을 때, 바로 그때 "기업 현장 조사" 모드를 가동해야 합니다. 더 깊이 파고들어 분석을 진행해야 할 시점입니다.

가치/거래량 분석

이 시점에서 펠리페는 "진단 영상" 분야에 분석을 집중해야 하는 것이 분명합니다. 이 부문에서 가장 많은 수익 손실이 발생하고 있기 때문입니다. 이제 이 수익 감소가 발생하는 여러 가지 가설을 검토해야 합니다.

이 문제는 진단 영상 검사의 횟수 자체가 감소했기 때문에 발생한 것일까요?

이 문제는 저렴한 서비스를 더 많이 제공하고 있기 때문일까요? (예를 들어, 더 많은 할인을 적용하거나 일부 비용을 회수하지 않고 있기 때문일 수도 있습니다.)

이 문제는 검사 종류의 구성 문제일까요? (예를 들어, 평균 단가가 낮은 검사를 더 많이 시행하고 있는 경우가 해당됩니다. X-ray는 내시경보다 일반적으로 비용이 저렴하기 때문에, 저가 검사의 비율이 더 높아진 것일 수 있습니다.)

이러한 질문에 답하기 위해, 우리는 펠리페의 병원 데이터를 사용하여 가치/볼륨 분석을 수행해야 합니다. 좋은 가치/볼륨 분석을 위해 다음 사항을 고려하는 것이 중요합니다:

가치/거래량 분석을 제대로 하려면 다음과 같은 측면을 고려하는 것이 중요합니다:

- 구체적으로 진료를 세부적으로 분석해야 합니다. 예를 들어 X-ray, 초음파, 내시경 등의 개별 진료에 대해서 분석을 해야 합니다.
- 병원의 관리 프로그램에서 시술 횟수와 총 청구 금액이 포함된 목록을 추출해야 합니다.
- 평균 단가의 감소는 할인 횟수의 증가, 가격 변동, 더 저렴한 절차 비중 증가 등 여러 이유로 발생할 수 있습니다.
- 볼륨 감소와 관련해서는, 병원의 전반적인 진료량 자체의 감소가 원인인지, 장비의 문제로 인한 것인지, 또는 특정 절차가 장비를 덜 사용하게 된 이유가 있는지를 구별해야 합니다.

	전년도 1분기	올해 1분기	변화(€/건)	변화(%)
엑스레이(€)	18.456	12.789	-5.667	-31%
• 절차	328	305		-7%
• 평균 *진료 건수*	56,3	41,9		-26%
초음파(€)	11.501	12.635	1.134	10%
• 절차		183		2%
• 평균 *진료 건수*		69		8%
내시경 검사(€)	9.460	6.353	-3.107	-33%
• 절차	29	21		-28%
• 평균 *진료 건수*	323,5	301,8		-7%
총 진단 이미징 비용(€)	39.417	31.777	-7.640	-19%
• 절차	537	509		-5%
• 평균 *진료 건수*	73,4	62,4		-15%

건강한 동물병원을 위한 비용 모니터링

동물병원의 비용을 추적하기 위해 우리는 다음 세 가지 분석에 중점을 둘 것입니다:

1. 인건비 분석: 병원에서 발생하는 인건비를 추적하고 분석하여 적정 수준인지 확인합니다.
2. 진료 가능한 수의사 시간당 비용 분석: 수의사의 진료 시간당 비용을 계산하여, 효율성과 수익성을 분석합니다.
3. 병원의 일일 손익분기점 분석: 병원이 하루 동안 발생하는 비용과 수익을 비교하여, 손익분기점을 파악하고 관리합니다.

이제 각 항목에 대해 자세히 살펴보겠습니다.

동물병원의 인건비 분석

동물병원이 재정적으로 운영이 가능하려면 운영 비용이 수입의 **40%**를 넘지 않아야 합니다. 이 문제에 대한 몇 가지 고려 사항은 다음과 같습니다.

직원의 인건비

직원의 인건비(또는 "회사 비용")는 직원이 실제로 받는 "실수령액"과 동일하지 않습니다. 사실, 이 두 금액은 상당히 다를 수 있습니다. 각 나라의 노동 및 세법에 따라, 회사가 한 명의 직원을 고용하는 데 드는 비용은 실수령액의 120%에서 175% 정도에 이를 수 있습니다.

직원이 회사에 실제로 얼마나 비용이 드는지 이해하려면, 급여 명세서를 확인해야 합니다. 여기서 실수령액(순 급여), 지급받는 급여(총 급여 = 순 급여 + 소득세 원천징수), 그리고 회사가 부담하는 비용(총 급여 + 사회보장 기여금)을 구분해 볼 필요가 있습니다.

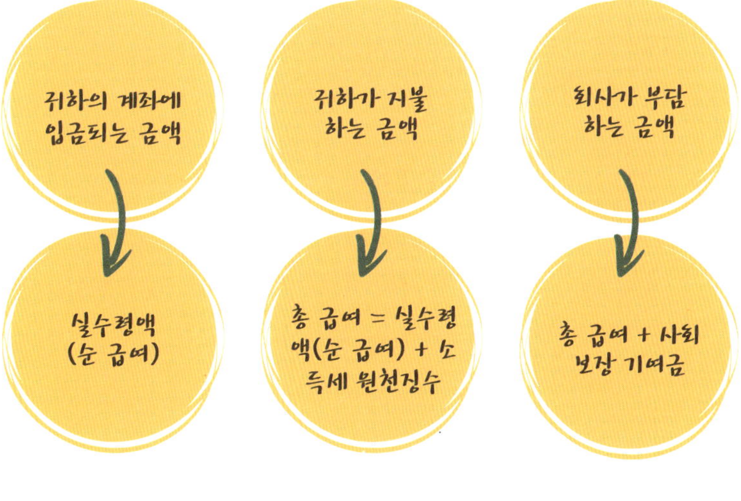

동물병원의 인건비

동물병원의 인건비를 계산하려면 동물병원에서 근무하는 파트너 수의사의 급여도 고려해야 합니다. 단, 배당금이나 이익 공유가 아닌 급여만 고려해야 합니다. 예를 들어, 동물병원의 임금 정보가 포함된 표에 임금 비용의 백분율이 계산되어 있습니다.

수의사(파트너)	
순 월급(1)	2.500
소득세 원천징수(2)	750
기업 이익(배당금)(3)	1.500
회사 인건비(1 + 2)	3.250
수의사(직원)	
순 월급(4)	1.750
소득세 원천징수(5)	525
회사 사회 보장 (6)	683
회사 인건비(4 + 5 + 6)	2.958
임상 보조원(직원)	
순 월급(10)	1.200
소득세 원천징수(11)	360
회사 사회 보장 (12)	468
회사 인건비(10 + 11 + 12)	2.028
월별 클리닉 수입	22.500
동물병원의 월별 인건비	10.433
인건비의 비중	46 %

40%라는 핵심 수치를 다룬 Pere Mercader의 동영상입니다.

수의학 관리 아카데미의 모듈 3.

판매 가능한 분당 수의학 비용 분석

우리 병원의 비용을 더 잘 이해하고 서비스 가격을 설정하는 데 실수를 피하기 위한 매우 유용한 도구는 "진료 가능한 수의사 시간당 비용 계산기"입니다. 이 도구는 수의사가 진료나 치료에 사용하는 시간을 분당으로 계산해, 병원 운영 비용을 효율적으로 분석하는 데 도움을 줍니다.

이 분석을 통해 다음과 같은 이점이 있습니다:

- **정확한 서비스 가격 책정**: 서비스에 대한 가격을 적절히 책정할 수 있어 손실을 최소화할 수 있습니다.
- **비용 관리 개선**: 수의사들이 병원에 얼마나 비용을 발생시키는지 더 명확히 파악할 수 있습니다.
- **수익성 향상**: 각 수의사의 진료 시간당 발생하는 수익과 비용을 비교해 병원의 수익성을 높일 수 있습니다.

이는 수의사들이 병원의 주요 자산이라는 점을 감안할 때, 서비스 제공 비용을 효과적으로 관리하는 핵심 도구입니다.

진료 가능한 수의사 시간당 비용 계산기

다음과 같이 작동합니다:

1. 동물병원의 비용 구조에서 시작하여 모든 비용을 다음과 같이 분류합니다. 고정 비용(활동) 또는 변수(활동량에 따라 변경됨)로 설정할 수 있습니다.

	비용(€)	작업량이 증가하거나 감소하면 이 비용이 변경되나요?	비용 유형
수입	250.000	해당 없음	해당 없음
소모품, 물품 및 소모품 구매	60.000	예	변수
인건비	100.000	아니오(적어도 단기적으로는)	수정됨
간접비(시설, 장비, 관리)	70.000	아니오	수정됨

2. 우리는 효율성 지수라고도 불리는, 1년 동안 진료를 볼 수 있는 수의사 진료 시간(분)을 계산합니다. 이 계산은 병원의 효율성을 측정하고, 수익성을 극대화하는 데 중요한 역할을 합니다.

효율성 요소: 모든 서비스 비즈니스가 전문가의 시간을 100% 판매할 수 없다는 점을 반영하여 조정한 수치입니다.

수의사 수(풀타임)	2
연간 근무 주 수	46
주당 근무 시간	40
근무일 분(년)	2 × 46 × 40 × 60 = 220.800
판매 가능한 분의 %(효율성 계수)	65%
연간 판매 가능한 수의사 진료 시간	220.800 × 65% = 143.520

3. 총 고정 비용을 판매 가능한 수의사 시간으로 나누어 판매 가능한 시간당 비용을 구합니다.

예시: (100.000 + 70.000)/143.520 = 1,18 €/분

수의사의 판매 가능한 분당 비용과 동물병원의 객관적인 비용에 대한 Pere Mercader의 동영상입니다.

수의학 관리 아카데미의 모듈 3.

동물병원의 일일 손익분기점 분석

동물병원이 최소한 손해를 보지 않기 위해 매일 몇 마리의 개와 고양이를 치료해야 하는지 계산할 수 있다면 흥미로울 것 같나요? 이것이 바로 소위 *손익분기점*

분석으로 할 일입니다. 이 작업을 수행하려면 다음과 같은 데이터가 필요합니다:

- 동물병원의 연간 수입.
- 구매(상품, 소모품, 소모품)에 대한 연간 지출액.
- 동물병원의 연간 고정 비용(인건비 + 간접비).
- 연간 진료 건수(*진료 건수*, 진료비 영수증).
- 연간 영업일 수입니다.

이전 예제(분당 비용을 계산할 때)에서 동일한 동물병원의 데이터를 가져올 수 있습니다:

	비용(€)	비용 유형
수입	250.000	
소모품, 상품 및 소모품 구매	60.000	가변 비용
인건비	100.000	고정 비용(적어도 단기적으로는)
간접비(시설, 장비, 관리)	70.000	고정 비용
연간 *진료 건수*	4.845	
연간 영업일 수	300	

***진료 건수당* 평균 수익**: 250.000/4.845 = 51,59 €.

***항공권당* 가변 비용**: 60.000/4.845 = 12,38 €.

따라서 각 *진료당* 기여 마진은 51.59 - 12.38 = 39.21유로입니다. 이 수치는 각 진료가 해당 판매의 변동 비용을 충당하고 나면 비즈니스의 고정 비용을 충당하는 데 기여하는 마진(이익)이기 때문에 기여 마진이라고 합니다.

손익분기점 분석을 올바르게 해석하기 위해서는 다음과 같은 측면을 고려하는 것이 중요합니다:

- **평형점**: 볼륨을 나타내는 이론적 계산입니다. 모든 비용을 충당하기 위해 비즈니스에 필요한 활동을 수행합니다.
- **최소 목표**: 최소한의 생존을 위한 목표이지만, 이 최소량을 초과하지 않으면 절대 수익을 낼 수 없기 때문에 영구적인 비즈니스 목표가 될 수는 없습니다.
- **분석**: 이 분석은 아래와 같이 특정 상황에서 특히 유용할 수 있습니다.

손익분기점 분석이 유용할 수 있는 가능한 상황

- 연말까지 첫 번째 동물병원 또는 두 번째 동물병원을 개소할 계획입니다. 네트워크를 확장하고, 최소한 그 투자로 손해를 보지 않을 수 있는 타당성을 추정하고자 합니다.
- 동물병원에 새로운 수의사를 추가할지 여부를 결정하고 있으며 이 결정으로 인해 최소한 손해를 보지 않기 위해 필요한 추가 환자 수를 추정하고자 합니다.
- 우리는 팀이 모든 서비스에 대해 정확히 청구하고, 환자들에게 추적 진료 일정을 예약하며, 예방접종이 연체된 고객들에게 알림 전화를 하는 등의 중요성을 인식하게 하고자 합니다. 그러나 팀원들은 우리가 이를 시행하는 이유가 "더 많은 돈을 벌기 위한 것"이라고 생각하는 경향이 있습니다. 이 연습은 팀원들이 자신이 일하는 병원의 실제 경제적 현실을 이해하게 하고, 그들의 인식을 변화시킬 수 있습니다.

예를 들어 보겠습니다:

우리는 평균 51.59유로의 가격에 39.21유로의 마진으로 서비스를 판매하고, 이 마진에 판매된 서비스 수를 곱하면 최소한 고정 비용(급여, 시설, 장비, 관리비용 등)을 충당할 수 있어야 하는 비즈니스(클리닉)를 다루고 있습니다.

이 예에서 회사가 비용을 충당하여 이익이 아닌 손실을 입지 않는 손익분기점은 이 방정식이 충족되는 시점에 정확히 발생합니다:

진료 수 × *진료당* 기여 마진 = 고정 연간 비용

이를 위해서는 논리적으로 *진료* 수를 연간 고정 비용으로 *진료당* 기여 마진으로 나눈 값과 같아야 합니다:

(100,000 + 70,000)/39.21 = 연간 4,335개 *진료*.

이제 이 수치를 오픈 일수로 나누면 일일 *진료의* 손익분기점을 구할 수 있습니다:

4.335/300 = 하루 14,45*건* 수

직원들과 동물병원의 경제성을 논의하는 것: 옳은가, 그른가?

동물병원 원장들이 모이는 포럼에서 흔히 논의되는 주제는 병원 직원들과 재무 정보를 공유하는 문제입니다.

좋은 생각일까요, 아니면 제 발등을 찍는 것일까요?
장단점을 살펴보겠습니다.

장점:

- 이를 통해 팀은 동물병원의 프로젝트와 비즈니스 목표를 파악할 수 있습니다.
- 숨길 것이 없기 때문에 투명성을 위한 운동입니다.
- 대부분의 병원은 수익성이 매우 타이트하며, 이러한 현실을 알면 비용을 모니터링하고 모든 서비스에 대해 올바르게 청구하는 데 더 많은 노력을 기울일 수 있습니다.
- 재무 성과와 연계된 인센티브 제도가 있다면, 직원들이 재무 정보에 접근할 수 없다면 자신의 평가에 의구심을 품게 될 것입니다.

단점:

- 직원들이 상사의 수입을 알기 위한 불필요한 호기심 외에 경제적 데이터를 알아야 할 필요가 있을까요?
- 병원에 대한 재무 정보를 알고 있는 직원이 경쟁 병원으로 이직하면 어떻게 되나요?
- 직원들은 병원 경영에 관심이 없습니다. 이런 종류의 정보는 좋은 약을 만들고 좋은 서비스를 제공해야 하는 본연의 업무와 관심에서 멀어지게 하는 '소음'일 뿐입니다.

요약

상식과 과학적 증거에 따르면, 진료실에서 정기적으로 재무 정보를 분석하는 수의사는 그렇지 않은 수의사보다 더 많은 수익을 올립니다.

컴퓨터와 데이터의 시대에는 더 이상 분석할 정보가 있는 것이 문제가 아니라, 핵심 정보가 무엇인지 파악하고 분석 및 해석하는 방법을 아는 것이 중요합니다. 바로 이 지점에서 많은 가치 있는 정보를 몇 가지 수치로 효과적으로 압축하는 핵심 성과 지표(KPI)의 개념이 등장합니다.

이 장에서는 동물병원의 손익 계정 양쪽, 즉 수입과 지출에 대한 주요 경제 지표를 분석했습니다.

마지막으로, 이러한 유형의 정보를 병원 직원과 공유하는 것이 적합한지 여부와 장단점에 대해 생각해 봅시다.

추천 참고 문헌

1. Martínez E. *Finance for managers*. McGraw Hill, 2005. Excellent manual of corporate finance (general, not specific to veterinary clinics). A practical but very detailed immersion into all the key financial and investment concepts that any manager should know. Ideal for "freakies" of the financial accounts of the clinic.
2. Mercader P. *Management solutions for veterinary clinics*. Editorial Servet-Grupo Asís, 2009. Chapter 3 discusses at length the break-even analysis.
3. Shilcock M, Stutchfield G. *Veterinary Practice Management: a Practical Guide*. Saunders, 2003. In chapter 13 there is a detailed explanation about the income statement and balance sheet of a veterinary practice, for those particularly interested in the financial aspects of the practice.

CHAPTER 4

동물병원에서 올바른 경제적 의사 결정 내리기

소개

많은 베테랑 동물병원 원장님들은 경력을 쌓는 동안 단 한 가지 최선의 결정을 내릴 수 있었다면 그것은 보다 지능적이고 논리적이고 절제된 방식으로 가격을 책정하는 것이라는 사실을 잘 알고 있습니다. 그렇기 때문에 이 장의 시작 부분에서는 할인이라는 심각한 문제를 특별히 강조하면서 전문가 수수료를 책정할 때 가장 흔히 저지르는 실수를 설명하고 몇 가지 효과적인 가격 책정 전략을 보여드리겠습니다.

다음으로 수의사 급여 문제를 살펴보겠습니다. 전문 서비스 회사로서 동물 병원의 주요 비용 항목은 급여이므로 급여를 다음과 같은 방식으로 정의하는 데 대한 경제적 근거를 이해하는 것이 중요합니다.

이 장의 학습 목표

1. 대부분의 수의사가 저지르는 주요 실수를 피하면서 동물병원 서비스 가격을 계산하세요.
2. 할인 이해하기: 할인이 합당한 경우와 그렇지 않은 경우, 그리고 수의사가 할인을 잘못 이해하는 경우가 90%에 달하는 이유를 알아보세요.
3. 수의사 급여의 경제적 근거를 이해합니다: 수의사 직원에게 얼마를 지급할 수 있나요?
4. 동물병원에서 수익성 있는 제품 판매를 위한 기반을 마련합니다.
5. 수의 장비(기계)에 대한 투자가 합당한지 경제적으로 분석합니다.

또한 주로 수술 또는 진단 장비에 대한 동물병원 투자 문제를 분석합니다. 마지막으로 동물병원에서 반려동물 제품 판매의 상업적 수익성을 이해하고 평가할 수 있는 도구를 보여드리겠습니다.

이 장의 학습 목표에 대한 Pere Mercader의 동영상입니다.

수의학 관리 아카데미의 모듈 4.

수의학 서비스 가격 책정 방법: 피해야 할 주요 실수

대체 서비스에는 여러 가지 가격 책정 전략이 있습니다. 가장 일반적인 두 가지를 장단점과 함께 살펴보겠습니다:

- 비용 기반 가격 책정 전략(*원가 기반 가격 책정*).
- 가치 기반 가격 책정 전략(*가치 기반 가격 책정*).

비용 기반 가격 책정 전략

다음과 같이 실시합니다:

1. 수의학 센터의 서비스 중 하나를 선택합니다.
2. 서비스의 표준 변수를 정의합니다(수의사 시간, 보조 인력 시간, 소모품, 마취제 또는 약물, 기계 또는 수술실 사용 시간 등).
3. 시간당 비용(수의사, 보조 인력 등)과 기계 또는 수술실 사용 및 소모품이나 약물 사용 비용을 정의하고, 해당 서비스에 설정된 표준 단위에 따라 곱합니다.
4. 센터의 일반 간접비용(시설 임대료, 시설 운영비, 일반 행정비 등)을 배분 기준(예: 해당 서비스의 총 매출 비율 또는 클리닉 내 해당 서비스가 차지하는 공간 비율)에 따라 배분합니다.
5. 마지막으로, 센터의 목표 수익률에 따른 마크업(mark-up)을 추가합니다. 이제 서비스의 최종 가격이 산출되며, 부가가치세(VAT)를 잊지 않고 추가해야 합니다.

실제 사례

이제 '수의사 방문' 서비스의 표준 변수를 어떻게 정의했는지 이 예시를 통해 살펴보겠습니다:

- 수의사가 고객과 20분간 상담(반려동물의 신체 검사 및 대화)을 진행합니다. 수의사의 평균 연봉은 연간 40,000유로이며, 연간 약 1,750시간을 근무합니다
- 어시스턴트가 고객과 함께 하는 시간 10분(수의사와의 상호작용 전 5분, 후 5분). 어시스턴트의 평균 회사 비용은 연간 30,000유로이며, 연간 약 1,750시간을 근무합니다.
- 방문당 소모품(탈지면, 거즈, 면봉, 젤, 장갑 등)에 대한 평균 지출액 3유로.
- 동물병원에는 3개의 진료실이 있으며, 잠재적으로 300일 × 8시간 × 시간당 3명의 수의사 방문 × 3개의 진료실 = 연간 21,600명의 수의사 방문이 가능합니다. 동물병원의 간접비는 다음과 같이 추정됩니다. (건물 + 건물 소비 + 관리 간접비)는 연간 72,000유로입니다.
- 동물병원 경영진은 동물병원에 허용되는 최소 마크업이 20%라고 추정합니다.
- 병원 진료비에 대한 부가가치세는 21%입니다.

실제 사례의 수의 서비스 비용 스프레드시트.

이 가격 전략에는 장단점이 있습니다.

장점:

- 공정하고 객관적이며, 고객에게 원가에 비즈니스 유지에 필요한 마진을 더한 금액만 청구합니다.
- 컴퓨터에 좋은 원가 계산 시스템이 있다면 1년에 한 번씩 쉽게 재계산할 수 있어야 합니다.
- 실수로 원가 이하로 서비스를 판매하는 일이 없도록 보장합니다.

단점:

- 시장의 현실을 고려하지 않았습니다. 저희의 계산된 PVP를 다른 병원과 어떻게 비교할 수 있습니까? 저희 고객은 저희의 비용에 관심이 없습니다!
- 모든 서비스의 매개변수를 표준화하고 개별화된 비용을 할당할 수 있는 병원이 얼마나 될까요?
- 이 계산 방법은 직원 시간과 시설을 최대한 활용한다고 가정합니다. 65%만 근무하면 어떻게 되나요?
- 한 병원이 다른 병원보다 비효율적이고 다른 병원보다 오래된 기술과 열악한 장비로 수술을 수행하지만 비용이 더 많이 든다면 어떻게 해야 할까요? 다른 병원보다 더 많은 비용을 청구해야 할까요? 우리가 보기에 공정하고 시간이 지나도 지속 가능할까요?

가치 기반 가격 책정 전략

이 방법을 통해 우리는 계산의 철학을 바꾸고 비용을 보는 대신 어떤 가치를 창출하고 있는지 살펴봅니다. 특히 고객 다음 예는 이 방법을 다른 대안과 비교하여 설명합니다. 다음 예제를 살펴보겠습니다.

실제 사례

특히 일부 직원들이 이 지역에 더 저렴한 다른 동물병원이 있다고 계속 말하기 때문에 이네스는 동물병원의 가격 정책에 대해 의구심을 품고 있습니다.

이네스의 동물병원에는 연간 약 1,850건의 방문이 이루어지며, *원가 기반 가격*(*인상* 전 및 부가세 전)에 따라 단위당 약 18유로의 비용이 예상됩니다.

인근(차로 15분 이내 거리)에 있는 다른 병원 5곳과 비교하여 귀하의 병원에 대한 정보를 다음과 같이 제공합니다.

동물병원의 특징	Inés	A	B	C	D	E
수의사 수(풀타임)	5	4	2	2	1	1
지원 직원	5,5	5	1,5	2	1	0,5
동물병원 규모(m^2)	400 m^2	400 m^2	150 m^2	180 m^2	90 m^2	80 m^2
주차	10개 장소	아니오	1시간 무료	아니오	아니오	아니오
의뢰된 진료 건수	아니오	외상학 및 안과	아니오	아니오	아니오	아니오
예약제로 근무하나요?	예	아니오	때때로	예	아니오	때때로
별도의 고양이 리셉션	예	아니오	아니오	예	아니오	아니오

현재 6개 진료소 모두에서 동물병원 방문에 대한 PVP가 진행 중입니다:

	Inés	A	B	C	D	E
상담	?	35	34	26	22	30

생각할 거리

이네스 방문의 PVP를 비용으로 정의하는 것이 합리적일까요, 아니면 제공하는 가치로 정의하는 것이 합리적일까요?

비용 기반 또는 가치 기반 가격 책정 전략에 대한 Pere Mercader의 동영상입니다.

수의학 관리 아카데미의 모듈 4.

수의사가 저지르는 가장 흔한 가격 책정 실수

수의사가 가격을 책정할 때:

- 그들은 고객이 항상 가장 저렴한 것을 선택한다고 믿고 서비스 요금에 대해 당황합니다.
- 이들은 자신의 비용 구조를 잘 알지 못하기 때문에 '비싸다'고 생각하며 할인의 여지가 많다고 생각하는 경우가 많습니다.
- 그들은 자신과 직원의 시간 비용을 과소평가합니다.
- 서비스의 가치를 잘 설명하는 방법을 모르거나 충분한 시간과 노력을 투자하지 않아 고객이 가치 제안은 더 나쁘지만 설명은 더 잘하는 다른 동물병원을 선택하게 되는 경우가 있습니다.

할인, 동물병원 수익성에 치명적인 바이러스

이제 가장 흔한 실수 중 하나인 할인에 대해 자세히 살펴보겠습니다:

- 서비스의 가치(광견병 백신의 예, 다음 페이지 참조)에 대한 의사소통 장애를 보상하기 위해 할인을 제공합니다.
- 서비스 품질 실패에 대한 보상을 위해 할인을 제공합니다. 서비스 품질이 좋지 않아 불만족한 고객이 있다면 불만이 제기될 때마다 할인을 제공하는 것이 아니라 절차의 품질과 서비스 수준을 개선하는 것이 해결책이 될 수 있습니다.
- 할인 정책이 통제 없이 제공되고 클리닉에 통일된 서면 정책이 없는 경우가 있습니다. VMS 연구에 따르면, 스페인의 클리닉 관리 소프트웨어에서는 매출의 5~7%에 해당하는 평균 할인이 흔히 발견되며, 여기에 더해 무료로 제공되거나 청구를 "잊어버린" 서비스도 존재합니다. 이러한 통제 부재는 총 매출의 3분의 1에서 절반까지, 병원의 연간 수익을 직접적으로 손실을 보게 할 수 있습니다.

모범을 보이지 않음: 병원에서 할인에 문제가 있는 경우, 이러한 과실의 주범은 일반적으로 다른 수의사가 "학습"하는 병원 원장입니다.

다음 두 가지 시나리오를 살펴보세요:

시나리오 1

동물병원 1은 광견병 예방 접종 비용이 얼마인지 알고 싶다는 비고객 개 주인의 전화를 받습니다.

— "안녕하세요, 3살짜리 저먼 셰퍼드가 있는데 매년 광견병 예방 접종을 하고 싶은데 비용이 얼마나 드는지 알려주세요."

— "네, 물론이죠. 예방 접종은 부가가치세 포함 38유로입니다. 약속을 잡아드릴까요?"

— "정말 고마워요, 걱정하지 마세요, 결정되면 알려드릴게요, 며칠만요, 고마워요".

그런 다음 저먼 셰퍼드 주인은 인터넷에서 찾은 해당 지역의 다음 동물병원에 전화합니다. 전과 똑같은 질문을 합니다.

동물병원 응답 2:

— 개 광견병 백신은 32유로입니다.

시나리오 2

동물병원 1은 광견병 예방 접종 비용이 얼마인지 알고 싶다는 비고객 개 주인의 전화를 받습니다.

— "안녕하세요, 3살짜리 저먼 셰퍼드가 있는데 매년 광견병 예방 접종을 하고 싶은데 비용이 얼마나 드는지 알려주세요."

— "네, 물론이죠. 저희를 잘 모르시는 것 같아서 저희 동물병원에서 어떻게 서비스가 진행되는지 빠르게 설명해드리겠습니다. 예방 접종은 항상 수의사가 실시하며 약 15분 동안 체온을 확인하는 신체 검사 후 실시합니다.
심박수, 점막의 일반적인 상태, 치아 상태 반려동물의 몸과 관절의 전반적인 상태를 확인합니다. 가격은 38유로, 부가세 포함입니다.

— "정말 고마워요, 걱정하지 마세요, 결정되면 알려드릴게요, 며칠 만요, 고마워요".

그런 다음 저먼 셰퍼드 주인은 인터넷에서 찾은 해당 지역의 다음 동물병원에 전화합니다. 전과 똑같은 질문을 합니다

동물병원 응답 2:

— 개 광견병 백신은 32유로입니다.

생각할 거리

독자는 다음 두 가지 시나리오 중 동물병원 1이 가격 포지셔닝을 가장 잘 방어했다고 생각하는 것은?

내 진료실에서 수의사에게 지불할 수 있는 금액을 계산하는 방법

카를라는 잠재력이 높은 젊은 수의사 직원입니다. 그녀는 유능하고 고객과 잘 소통하며 책임감 있고 헌신적으로 수의사 업무에 임합니다. 그녀는 병원에서 5년 동안 일해 왔으며, 주인은 카를라가 병원을 책임지고 있으면 안심할 수 있다는 것을 알고 있습니다. 그녀는 진정한 "직원 10"이 되기 위해 외과 의사로서의 훈련을 강화하기만 하면 됩니다.

그녀의 상사(원장)는 가끔 카를라에게 충분한 급여를 주는지 궁금해합니다. 동물병원에 대한 충성도를 유지하기 위해 노력합니다. 그녀는 자신이 사는 지역 대부분의 동물병원이 직원들의 급여를 상당히 낮게 책정한다고 생각하기 때문에 부담을 느끼지 않지만, 카를라가 더 나은 대안이 없어서 이 동물병원에 머물고 싶지 않고 정말 행복하게 일하기를 바랍니다.

이 동물병원의 소유주가 칼라의 급여를 제대로 받고 있는지 객관적으로 계산할 수 있도록 어떻게 도울 수 있을까요?

동물병원의 수의사에게 직접적으로 귀속되는 수익과 비용은 빨간색으로 강조 표시했습니다.

총 수입	100	
서비스 수입	65	
의약품 입원(수의사 개입 포함)	20	
상점 제품 수입(수의사 개입 없이)	15	
구매 비용(소모품, 상품)		30
수의사 비용		25
비수의사 인건비		15
오버헤드		20
혜택		10

동물병원의 비용/수익 구조는 다음과 같습니다:

1. 동물병원이 수입의 10%의 수익을 유지하려면 수의사 급여 비용이 수입의 25%를 초과하지 않아야 합니다.
2. 이 수의사들은 회사 매출의 85%를 창출하는 책임을 지고 있습니다(65%는 서비스 형태로, 20%는 처방약 판매 형태로, 20%는 처방전 자체의 형태로).

3. 즉, 수의사는 **85/25 = 3.4**배의 급여 비용을 병원에서 벌어들여야 합니다.
4. 수의사의 진료에 드는 인건비는 순임금이 아니라(3장에서 살펴본 것처럼) 순임금의 125%에서 175% 사이일 수 있다는 것을 기억하세요. 계산을 계속하기 위해 중간 값, 즉 150%를 사용하겠습니다.

순 월급(유로)	동물병원의 임금 비용 (×1.5)	연간 수익 (×3.4)	일일 수입 (월 수입/19)
1.000	1.500	5.100	268
1.500	2.250	7.650	403
2.000	3.000	10.200	537
2.500	3.750	12.750	671
3.000	4.500	15.300	805

이 표에서 눈에 띄는(동시에 유용한) 점은 수의사의 월급을 일일 수입 목표로 변환한다는 것입니다. 즉, 전문가가 벌어들이는 수입과 청구할 수 있는 금액 사이의 논리적 비율(지속 가능하고, 실행 가능하며, 회사의 수익성)을 설정합니다.

제품 판매가 동물병원에 수익성이 있는지(그리고 얼마나 수익성이 있는지) 계산하는 방법

많은 수의사들이 자주 묻는 질문이 있습니다: **이 제품을 판매하면 실제로 얼마를 벌 수 있나요?**

동물병원에서 특정 브랜드의 식품을 판매한다고 가정해 보겠습니다. 예제를 단순화하기 위해 소매 가격(부가세 포함)이 24유로이고 이전에 유통업체에서 16유로(부가세 제외 및 모든 할인 적용 후)에 구입한 4 kg 패키지만 판매한다고 가정합니다.

또한 하루에 한 팩(연간 300개)을 판매하고 이 브랜드를 진열한 매장이 내 동물병원 판매 면적의 5%를 차지한다고 가정해 봅시다. 또한 이 제품을 판매하는 것 자체에 추가 직원을 고용하지 않는다고 가정해 봅시다.

이 제품 판매로 동물병원의 수익은 얼마인가요? 이 질문에 답할 수 있는 방법은 다섯 가지 이상입니다:

1 매출 대비 마진 비율

- 판매 가격 = 24유로 마진에서 10%를 뺀 금액
- 판매 마진 비율 = (판매 VAT = 24 ×(1/1.1) = 21.81€ 가격 – 구매 가격)/판매 가격 = (21.81 – 16)/21.81 = 26.6 %입니다.

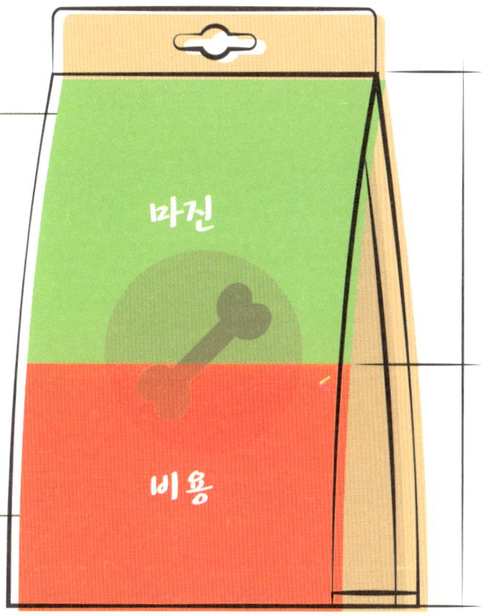

2 구매 시 마진 비율

구매 시 마진 비율
= (판매 가격 – 구매 가격)/구매 가격
= (21.81 – 16)/16 = 36.36 %

3 절대 단위 마진

판매 가격 – 구매 가격
= 21.81 € – 16 € = 5.81 €

4

절대 브랜드 마진

절대 브랜드 마진 = 단위당 절대 마진 × 판매 단위(년) = 5.81 € × 300 = 1,745 € 입니다.

5

순 브랜드 수익률

동물병원 원장님은 자신이 얼마나 벌고 있는지 '정말, 정말' 알고 싶어하기 때문에 여기에서 흥미로워집니다. 즉, 포장재 구매 비용만큼 명확하지 않은 다른 비용(예: 포장재가 차지하는 공간, 포장재 판매와 관련된 작업 등)을 고려한 후입니다.

이러한 분석에 일반적으로 사용되는 기법은 소위 '간접비 할당'입니다. 이는 '최종 수익성' 추정치에 도달하기 위해 판매되는 다양한 서비스와 제품 간에 비즈니스의 고정 비용을 배분할 수 있는 몇 가지 배분 기준을 찾는 것으로 구성됩니다.

이 예에서 동물병원에 다음과 같은 오버헤드(시설, 장비, 관리)가 있다고 가정하면 다음과 같습니다. 연간 72,000달러이고, 상점 제품 판매가 동물병원 전체 매출의 15%를 차지하며, 이 브랜드가 판매 영역 공간의 5%를 차지한다고 가정하면 15%의 간접비 중 5%를 이 브랜드에 '청구'할 수 있습니다.

순 수익성 = 절대 브랜드 마진 – 간접비 배분
= 1,745 – (15% × 5% × 72,000)
= 1,745 – 540
= 연간 1,205.

제품 판매 수익성 분석에 유용한 팁

강조해야 할 측면이 있습니다:

- 중요한 것은 항상 무엇을 비교하고 있는지 아는 것입니다. 일부 판매자는 배(원가 마진)와 사과(판매 마진)를 비교하는 진정한 전문가입니다.
- 동물병원에 대한 브랜드의 관심은 훨씬 더 절대 마진을 백분율보다 유로로 표시합니다. 동물병원은 청구서를 백분율이 아닌 유로로 지불합니다.
- 따라서 이미 수요가 확보되어 있고 판매 노력이 덜 필요한 브랜드는 다른 제품보다 마진율이 낮더라도 수익성이 더 높을 수 있습니다.

- 순 수익성 계산(간접비 할당 포함)은 여전히 매우 이론적인 연습이며, 그 결과는 다음에 따라 달라집니다.
- 각 비용 모델의 가정에 따라 크게 달라집니다. 이러한 모든 경제적 고려 사항 외에도 잊지 말아야 할 질적 고려 사항이 있습니다. 이 브랜드를 판매할 때 고객에게 어떤 메시지를 전달하고 있는가? 우리 병원의 이미지와 포지셔닝에 부합하는가?

비용에 대한 논의의 예:
"컨설턴트, 수의사, 고양이 모래".

동물병원을 위한 새로운 장비에 대한 투자를 분석하는 방법

동물병원에 대한 투자에 대해 이야기할 때 일반적으로 시설 및 장비 개선과 같은 문제를 언급합니다.

예를 들어 새로운 진단 장비에 대한 투자 타당성을 평가할 때는 일반적으로 다음과 같은 요소를 고려합니다:

- **위험**: 일반적으로 가능한 경제적 결과의 변동성으로 측정됩니다. 이는 이러한 결과를 얻을 수 있는 (인지된) 가능성 때문입니다.
- **규모**: 투자 매력도는 다음에 따라 어느 정도 달라질 수 있습니다. 일반적으로 재정 능력을 초과하는 투자는 제외합니다.
- **전략적 적합성**:
    - 우리가 투자할 새 장비는 비즈니스 계획에서 어떤 역할을 하나요?
    - 더 방어 가능한 새로운 수익을 창출할 수 있을까요?
    - 지속 가능한 방식으로 비용을 절감할 수 있나요?
    - 이를 통해 경쟁사와 차별화할 수 있나요?
    - 경쟁 우위를 확보할 수 있는 우수한 기술을 확보할 수 있나요?
- **수익성**: 투자는 다음에 따라 어느 정도 매력적일 수 있습니다. 규모에 따라 다릅니다. 일반적으로 재정적 여력을 초과하는 규모의 투자는 배제합니다.

다음에서는 투자를 분석하는 네 가지 방법을 살펴보겠습니다:

1. 투자의 NPV(또는 순현재 가치)입니다.
2. 투자금 *회수 기간* 또는 복구 시간의 투자금입니다.
3. IRR 또는 내부 수익률입니다.
4. 비용 효율성 임계값 투자.

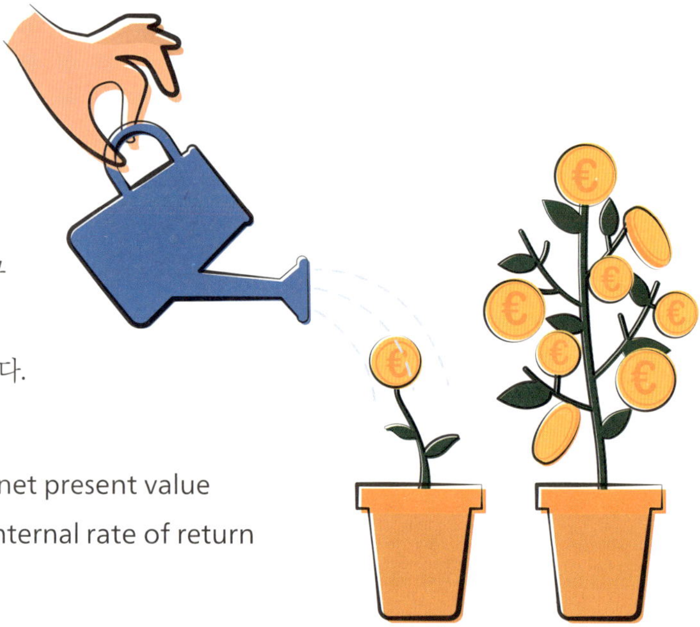

NPV: net present value
IRR: internal rate of return

투자의 NPV(또는 순현재가치)

NPV는 이 새로운 수의학 장비와 관련된 모든 경제 흐름(동물병원의 현금 유입 및 유출)을 나열하고 이자율(현재 이자율, 프로젝트의 인지된 위험 등 요인에 따라 다름)과 발생 시점에 따라 "할인"하여 계산합니다.

이 투자의 총 가치를 계산하는 유일한 방법은 시간에 따른 다양한 경제 흐름을 합산할 수 있는 것입니다. 하지만 이를 위해서는 1년차에 1,200유로를 받는 것과 3년 또는 5년 후에 받는 것은 같지 않으므로 모든 흐름을 현재로 가져오거나 동일한 기간에 넣어야 합니다.

이러한 미래 현금 흐름을 현재에 더 가깝게 만드는 방법은 다음 공식에 따라 할인하는 것입니다:
경제 흐름의 현재 가치 = 흐름의 가치/$(1 + t)^n$
여기서 t는 이자율이고 n은 흐름이 발생한 연도입니다.

다음 예는 동물병원의 새 장비에 처음에 5,000유로를 지출하고 5년 동안(매년 말) 이 새 장비를 사용한 결과 수익을 창출하는 투자에 대해 설명합니다.

연도	0	1	2	3	4	5
현금 흐름	−5.000	1.200	1.200	1.200	1.200	1.200

이제 이 투자의 미래 현금 흐름을 '할인'하기 위해 10%의 이자율을 적용하여 이 계산을 수행하면 어떤 결과가 나오는지 살펴보겠습니다:

- 1년차의 경우 1,200유로의 현재 가치는 $1{,}200/(1+0.1)^1 = 1{,}091$
- 2년차의 경우 1,200유로의 현재 가치는 $1{,}200/(1+0.1)^2 = 992$가 됩니다.

표에 표시된 것과 같이 계속됩니다.

연도	0	1	2	3	4	5
현금 흐름	−5.000	1.200	1.200	1.200	1.200	1.200
현재 값	−5.000	1.091	992	902	820	754
누적 현재 가치	−5.000	−3.909	−2.917	−2.016	−1.196	−451=VAN

적용 이자율 $i = 10$

따라서 이 예제에서 이 투자의 NPV는 −451유로로 추정되며, 즉 현재 451유로의 손실이 발생한다는 것을 알 수 있습니다. 따라서 제정신이라면 누구라도 기꺼이 비용을 지불할 만한 매력적인 투자는 아닙니다.

반면에 투자에 대한 경제적 가정이 더 나은 방향으로 바뀌면(예상 흐름이 증가하거나 예상 초기 지출이 감소하거나 이자율이 하락하는 등) 투자에 대한 매력이 높아질 수 있습니다.

다음 예제에서는 다음과 같은 방식으로 결과적으로 더 낮은 이자율이 적용됩니다.

연도	0	1	2	3	4	5
현금 흐름	−5.000	1.200	1.200	1.200	1.200	1.200
현재 값	−5.000	1.143	1.088	1.037	987	940
누적 현재 가치	−5.000	−3.857	−2.769	−1.732	−745	195 = VAN

적용 이자율 $i = 5$

이 경우 이자율을 10%에서 5%로 낮추면 투자 결과(NPV)가 €195에 달하는 유리한 결과를 얻을 수 있습니다.

즉, 이 투자 프로젝트는 즉시 €195를 받는 것과 같으므로 관심 있는 투자자를 찾을 수 있습니다.

NPV는 간단한 투자 평가 기준으로서 프로젝트와 관련된 경제적 가치를 제공하고, 얻은 절대 수익(유로)을 기준으로 여러 프로젝트를 비교할 수 있게 해줍니다.

투자 회수 기간

투자를 평가하는 데 일반적으로 사용되는 또 다른 방법은 초기 지출을 회수하는 데 걸리는 시간과 이에 따라 플러스 수익이 발생하는 기간이 언제 시작되는지입니다.

이전 예제를 계속 진행하면서 이자율을 5%로 유지하는 대신(예를 들어 공급업체의 제안으로) 초기 투자 금액을 3,500유로로 줄이면 어떤 일이 발생하는지 살펴보겠습니다. 3년차와 4년차 사이에 '동점'이 생길 때까지(실제로는 4년차보다는 3년차에 더 가까워 보입니다) 양수 흐름의 누적 합계가 처음에 지출한 금액에 점점 더 가까워지는 과정을 살펴봅시다.

연도	0	1	2	3	4	5
현금 흐름	−3.500	1.200	1.200	1.200	1.200	1.200
현재 값	−3.500	1.143	1.088	1.037	987	940
누적 현재 가치	−3.500	−2.357	−1.269	−232	755	1.695

적용 이자율 $i = 10$
3년차에서 4년차 사이의 투자금 *회수*

투자 기간 기준을 특히 중요하게 생각하는 투자자에게는 이 기준이 유용할 수 있습니다(예: "원칙적으로 원금 회수에 4년 이상 걸리는 투자는 받지 않습니다").

IRR 또는 내부 수익률

NPV 예시를 통해 마이너스 시나리오(이자율 10%, 손실 발생, 수익성 없는 투자)에서 플러스 시나리오(이자율 5%, 순이익 발생, 수익성 있는 투자)로 전환할 수 있습니다. 직관적으로 이 두 시나리오 사이 어딘가에 프로젝트가 양수도 아니고 음수도 아닌, 즉 **NPV**가 **0**이 되는 이자율이 있다는 것을 짐작할 수 있습니다.

스프레드시트를 사용하여 시뮬레이션을 실행할 수 있습니다. 예를 들어 NPV가 0이 될 때까지 다른 이자율을 적용하거나, 컴퓨터나 계산기에 직접 IRR(내부 수익률)이라는 지표를 계산하도록 요청할 수 있습니다.

NPV 대비 IRR의 장점

이를 통해 IRR을 기준으로 매우 다양한 규모의 프로젝트를 비교할 수 있습니다(IRR이 가장 높은 프로젝트가 가장 매력적인 프로젝트가 될 것입니다).

이는 프로젝트를 실행할 수 있는 최대 자금 조달 비용을 매우 명확하게 나타냅니다. 예를 들어, IRR이 16%인 프로젝트는 16% 미만인 모든 *t에* 대해 매력적인(즉, 양의 NPV를 생성하는) 프로젝트가 됩니다.

IRR은 프로젝트의 순 현재 가치를 0으로 만드는 이자율입니다. 프로젝트의 내부 수익률의 일종입니다.

위 예제의 데이터를 Excel 시트에 입력하고 재무 함수 IRR을 사용하면 6.402%의 값을 얻을 수 있습니다.

이 새로운 이자율로 투자 계산을 다시 해보면 어떤 결과가 나오는지 살펴봅시다.

연도	0	1	2	3	54	5
현금 흐름	−5.000	1.200	1.200	1.200	1.200	1.200
현재 값	−5.000	1.128	1.060	996	936	880
누적 현재 가치	−5.000	−3.872	−2.812	−1.816	−880	0 = VAN

적용 이자율 *i* = 6,402%.

즉, 이 프로젝트는 6,4%의 '내부 수익률'을 생성하므로 더 낮은 이자율로 자금을 조달할 수 있거나 자금이 있지만 6,4%보다 낮은 투자 수익률이 필요한 모든 투자자에게 매력적일 것입니다.

투자의 손익분기점

위에서 이미 사용한 손익분기점 또는 손익분기점 방법도 투자 분석에 적용할 수 있습니다.

예시:

7,000유로의 비용으로 마이크로칩을 이식하는 장비를 구입하는 투자를 가정해 보겠습니다. 이 장비가 설치되면 병원에 3유로의 단가로 마이크로칩을 이식할 수 있습니다. 마이크로칩 식별의 평균 시장 가격(부가가치세 전)은 35유로로 간주됩니다.

각 서비스의 기여 마진(판매 가격 – 변동 비용)은 35 – 3 = €32입니다. 따라서 커버해야 할 고정 비용(초기 투자)은 7,000유로입니다, 7,000/32 = 219개의 서비스를 판매할 수 있다면 디바이스의 고정 비용을 충당할 수 있습니다. 즉, **219**회 판매되면 이 투자에 대한 손익분기점이 됩니다. 이 수치를 넘어서면 수익이 발생하기 시작합니다. 분명히 손익분기점은 서비스 판매 가격(예측하기 더 어렵고)과 단위 변동 비용(예측하기 더 쉬운)에 민감합니다.

이 마지막 예제의 계산에서 인건비를 고려하지 않은 것을 눈치채셨을 것입니다. 그 이유는 이 예제에서는 이러한 비용이 고정된 것으로 간주하기 때문입니다(즉, 이 장비를 운영하기 위해 새로운 직원을 추가하지 않았기 때문입니다). 따라서 손익분기점을 계산할 때는 이러한 비용을 고려하지 않습니다.

다른 질문은 3장에서 살펴본 것처럼 서비스 판매 가격이 회사의 수익을 창출할 수 있도록 하기 위해 변동 비용과 고정 비용의 합리적인 배분을 포함하여 이 서비스를 제공하는 데 드는 총 비용을 계산하는 것입니다.

***손익분기점* 방법의 주요 장점은 계산이 간단하다는 점과 최소한 다음과 같이 손해를 보지 않을 가능성에 대한 지침을 제공한다는 사실입니다.**

요약

동물병원은 소규모 사업체처럼 보이지만, 운영이 간단하지 않고 일반적으로 수의과대학에서 배우지 않는 기술과 지식이 필요합니다.

그렇지 않다면 어떤 수의학 과목에서 서비스 가격을 정의하는 방법, 할인을 집요하게 요구하는 고객을 응대하는 방법, 수의사 직원의 지속 가능한 급여를 계산하는 방법, 새 장비에 대한 투자가 경제적으로 합리적이며 병원에 적합한지 계산하는 방법을 배울 수 있을까요?

이 장에서는 이러한 복잡한 경제적 의사결정을 보다 정보에 입각하고 현명한 방식으로 처리할 수 있는 일련의 모델과 도구를 제공했습니다.

추천 참고 문헌

1. Martínez E. Finance for managers. McGraw Hill, 2005. Excellent manual on business finance (general, not specific to veterinary clinics). Chapter 5 details IRR and NPV calculations with Excel and Chapters 7 and 8 provide a detailed analysis of investment projects.
2. Mercader P. Management solutions for veterinary clinics. Editorial Servet-Grupo, 2009. In chapter 5 there is an extended discussion of the most common mistakes veterinarians make with their pricing policies.

CHAPTER 5

동물병원의 고객 중심: 만족도 및 충성도 측정

소개

동물병원은 서비스 기업으로서 다른 기업들과 다른 특징이 있는데, 바로 환자와 보호자를 모두 고려해야 한다는 점입니다.

환자의 관점은 동물에게 적용되는 좋은 치료에 초점을 맞추고 있습니다. 그것은 필수적이지만 충분하지 않습니다.

보호자의 관점은 보호자에게 제공되는 동물병원의 서비스, 즉 의사소통의 질, 공감 능력, 필요에 대한 대응력, 신뢰 등에 중점을 둡니다. 이러한 일련의 무형의 요소가 서비스의 차이를 만들어냅니다.

이 장의 학습 목표

1. 동물병원의 맥락에서 *고객 생애 가치*의 개념과 고객 확보, 유지 및 이탈 지표와의 관계를 이해합니다.
2. 신속하고 전문적이며 효과적인 고객 불만족 처리의 중요성과 이것이 고객 유지에 미치는 경제적 영향에 대해 알아보세요.
3. 몇 가지 만족도 설문조사 모델을 배우고 동물병원에서 이를 실행하고 해석하는 방법을 배웁니다.
4. 오늘날 가장 인기 있는 설문조사 유형인 NPS(순 *프로모터 점수*) 형식을 자세히 이해하고 다른 형식과 비교하여 장단점 및 차이점을 살펴보세요.
5. 고객 지향의 철학에 대해 생각해 보세요: 고객 지향이란 과연 무엇인가요? “고객은 항상 옳다”는 격언이 항상 사실일까요?

OBJETIVOS

이 장의 학습 목표에 대한 Pere Mercader의 동영상입니다.

수의학 관리 아카데미의 모듈 5.

고객 생애 가치(CLTV) 및 주요 고객 충성도 지표

고객 생애 가치(CLTV) 개념의 주요 용도 중 하나는 기업(동물병원의 경우)이 고객 유지의 중요성을 인식하고, 종종 고객 이탈로 이어지는 서비스 불량으로 인한 손실을 인지하도록 하는 것입니다.

CLTV 방법론은 어떤 문제를 분석하나요?

동물병원의 과거 데이터를 기반으로 다음 질문을 분석합니다:

- 고객당 연간 평균 지출액: 진료 및 서비스 전반에 대한 지출액입니다.
- 동물병원에 머무는 평균 기간: 고객이 평균적으로 몇 년 동안 동물병원을 이용하고 있나요?

계산을 더 세분화하려면 이 고객이 병원에 창출하는 수익뿐만 아니라 '기여 마진' 또는 '이익'(수익에서 이 고객에게 서비스를 제공하는 데 드는 가변 비용을 뺀 값)도 고려해야 합니다. 여기서는 간단하게 하기 위해 평균 기여 마진을 적용합니다(동물병원 고객의 경우 75%로 추정).

공식은 무엇인가요?

CLTV = 고객당 연간 평균 지출액 × 75% × 동물병원 평균 개원 기간(년).

참고: 고객(개/고양이 소유자)이 두 마리 이상의 반려동물을 키우는 경우, 모든 반려동물에 대한 연간 총 지출액을 고려합니다.

예를 들어 CLTV 방법론과 관련된 다음 질문을 살펴보겠습니다:

- 강아지 시절부터 수명이 다할 때까지 우리 동물병원 고객이었던 잉글리시 불독이 우리 동물병원에서 얼마나 많은 시간을 보냈을지 계산해 보면 이해가 될까요?
- 어떻게 계산할 수 있을까요?
- 불독 소유주가 3세 또는 6세에 동물병원을 변경하거나 동물병원을 한 번도 변경하지 않는 경우 계산이 어떻게 달라지나요?
- 이러한 계산이 우리에게 무슨 소용이 있을까요?

다음에서는 이러한 질문을 해결하는 사례 연구를 살펴보겠습니다.

사례 연구: 잉글리시 불독의 CLTV 계산

평범한 잉글리시 불독 강아지와 수년 동안 단골 수의사의 관계를 상상해 보세요.

생후 첫해에 전체 예방 접종 일정(80유로)을 따르고 추가로 340유로에 여아 중성화를 받는다고 가정해 보겠습니다.

강아지는 지난 몇 년 사이에 주로 사소한 문제나 예방 의학을 위해 연평균 3번씩 동물병원을 방문하고 있으며, 방문당 평균 비용은 약 65유로입니다. 또한 7세부터는 자연적인 노화로 인해 일부 연령 관련 질병이 나타나 연간 방문 횟수가 4회로 증가하고 방문당 평균 비용도 €78로 증가할 것입니다.

그는 일생에 적어도 한 번(5세 때)은 약간 더 복잡한 질병(감염, 진단 검사, 3일 입원)이 발생하여 약 450유로의 비용이 들 것이라고 가정합니다.

그는 하루 평균 약 300 g의 양질의 건사료를 소비하며(평균 RRP: 4유로/kg), 이 중 약 20%를 병원에서 구매하고 나머지는 다른 *펫샵*이나 인터넷에서 구매합니다.

다음 시나리오에서 이 불독의 주인은 병원에서 얼마나 많은 돈을 지출하게 될까요?

1 시나리오 1

불독은 강아지 시절부터 12살에 노환으로 사망할 때까지 저희 동물병원의 환자였습니다.

2 시나리오 2

불독의 주인이 다른 마을로 이사를 가게 되어 안타깝게도 3년 차가 끝나는 시점에 더 이상 내원하지 못합니다.

3 시나리오 3

불독의 주인은 6년 차 말에 서비스 문제로 인해 우리에게 매우 화를 냈고 우리는 그녀를 고객으로 잃었습니다. 그녀는 소셜 미디어에 불만을 표출하기도 했습니다. 순전히 돈의 문제였다면 6년 차 말에 불만을 품은 고객을 다시 유치하기 위해 '투자'하는 것이 얼마나 합리적이었을까요?

계산을 살펴봅시다:

개념	1월	2월	3월	4월	5월	6월	7월	8월	9월	10월	11월	12월
백신	80											
난소 자궁 절제술	340											
연 3회 일반 방문 (예방 접종 포함) × 65		195	195	195	195	195						
연간 4회 방문 × 78							312	312	312	312	312	312
입원을 동반한 중증 감염					450							
수유(300 g/일) (4 €/kg) (요구 사항의 20%)	88	88	88	88	88	88	88	88	88	88	88	88
총 수입	508	283	283	283	733	283	400	400	400	400	400	400
총 마진(75%로 가정)	381	212	212	212	549	212	300	300	300	300	300	300
내 동물병원에서 지출한 금액(누적)은 얼마입니까?	508	790	1.073	1.355	2.088	2.371	2.770	3.170	3.569	3.969	4.369	4.768
내 동물병원이 이 고객으로부터 얼마나 많은 수익을 얻었나요? (누적) (75%)	381	593	805	1.017	1.566	1.778	2.078	2.377	2.677	2.977	3.276	3.576

요약하자면:

시나리오 1 (12년 동안 내원)	3.576
시나리오 2 (3년째에 고객 이탈)	805
시나리오 3 (6년째에 고객 이탈)	1.778

고객 충성도 지표

동물병원의 고객 수는 욕조의 수위와 같다고 생각할 수 있습니다.

바우에라의 은유

동물병원의 고객 수를 욕조의 물로 비유하면 다음과 같습니다:

- 욕조 내로 들어오는 물의 흐름에는 신규 고객 확보와 이전에 이탈했던 기존 고객 회복이라는 두 가지 고객 확보 소스가 있습니다.
- 욕조 밖으로 유출되는 측면에서는 고객 이탈(불만족, 불만, 이사, 더 나은 대안으로 전환 등), '동결'로 인한 손실, 반려동물의 사망 등 세 가지 원인이 있습니다.

고객 충성도를 산술적으로 계산하면 다음과 같이 계산할 수 있습니다:

연초 고객 수 N = 연초 고객 수(N – 1) + 연도 중 획득한 고객(N – 1) + 연도 중 복구한 고객(N – 1) – 연도 중 손실된 고객(N – 1) – 연도 중 동결된 고객(N – 1) – 연도 중 사망한 반려동물이 있는 고객(N – 1).

이 방정식을 통해 주요 고객 충성도 지표를 정의할 수 있습니다.

고객 이탈률

= 100 × (연도 중 탈퇴한 고객 + 연도 중 동결된 고객 + 연도 중 사망한 반려동물이 있는 고객)/연초의 고객 수

고객 유지율

= 1 – 이탈률

신규 고객 확보율

= 100 × (연도 중 획득한 고객 + 연도 중 회수한 고객)/연초 고객

목표: 손실률보다 높은 캡처율

한 해 동안 고객 수를 늘리려면 신규 고객 확보율이 고객 이탈률보다 높아야 합니다.

고객의 평균 체류 기간

이러한 계산을 CLTV 개념과 연결하는 또 다른 흥미로운 관계는 다음과 같습니다:

평균 고객 체류 기간(동물병원 내) = 1/고객 이탈률

즉, 이탈률이 감소하면 고객의 평균 병원 체류 기간이 증가하므로 CLTV가 증가합니다(CLTV = 평균 체류 기간 × 평균 연간 지출액 × 기여 마진 %).

고객 충성도 지표를 계산하는 실제 사례를 담은 Pere Mercader의 동영상입니다.

수의학 관리 아카데미의 모듈 5.

활성 고객 수를 늘리려면 어떻게 해야 하나요?

동물병원에서 다양한 전략을 통해 신규 고객 확보율을 높이거나 이탈률을 낮출 수 있으며, 이 두 가지 모두 동물병원의 활성 고객 수를 늘리는 데 도움이 됩니다. 다음 표는 손실률(BTP)을 낮추거나 캡처율(ATC)을 높이거나 둘 다 높이기 위한 여러 가지 전략을 보여줍니다.

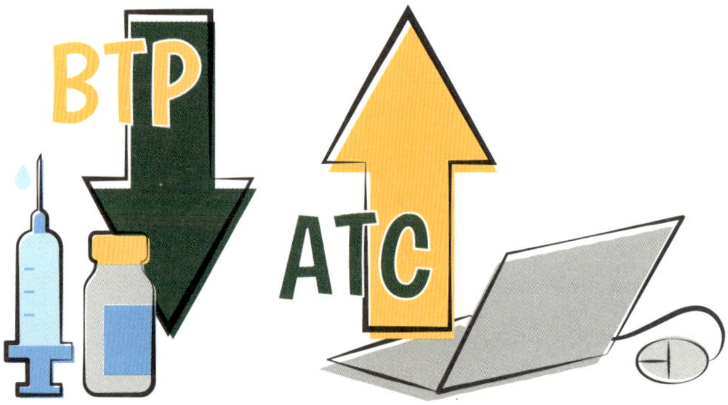

전략	BTP	ATC	둘 다
1. 웹사이트를 개선했습니다.		✓	
2. 모든 고객에게 백신 접종 알림 전화를 프로토콜화합니다.	✓		
3. 소셜 네트워크에서의 활동을 개선하고 강화합니다.		✓	
4. 동물병원 외부 간판 개선		✓	
5. 팀을 위한 고객 서비스 교육에 투자합니다.			✓
6. 피크 시간대에 더 많은 통화를 처리할 수 있도록 두 번째 전화선을 추가했습니다.			✓
7. 동물병원의 이전 고객을 위한 전화 복구 계획을 활성화했습니다.		✓	
8. *고양이 친화 병원* 인증을 획득하여 고양이 보호자에 대한 서비스 수준을 향상시켰습니다.			✓
9. 만성 환자 추적 관리 계획을 위한 새로운 서비스를 출시했습니다.	✓		
10. 인근 쇼핑 동물병원의 *주차장*과 합의하여 고객을 위해 10면의 주차 공간을 확보했습니다.			✓

고객 동결

수의학 관리 연구(VMS)라는 회사는 매년 스페인 내 **800개** 이상의 동물병원의 모든 경제적 거래를 분석합니다. 이를 통해 백만 명 이상의 개와 고양이 주인의 소비자 행동을 연구하고 해석할 수 있습니다. 매년 반려동물에게 지출하는 금액, 동물병원 방문 빈도 등을 파악할 수 있습니다.

VMS 분석팀에게 처음에 놀라웠던 한 가지 사실은 이 대규모 동물병원 패널에서 약 50%라는 매우 높은 고객 이탈률이 발견되었다는 점입니다.

그러나 추가 조사와 해당 동물병원에서 손실을 입은 것으로 보이는 고객들에게 설문 전화를 한 결과 다음과 같은 결론에 도달했습니다:

- **이탈자**: 고객의 5%는 실제로 다음과 같은 '이탈자'였습니다. 서비스에 대한 불만이나 분노로 인해 동물병원을 변경한 적이 있습니다.
- **기타 사유**: 약 10% 정도의 고객이 동물병원을 떠났지만 반려동물의 사망 또는 분실, 고객의 이사 등 서비스 장애와 관련이 없는 사유로 인해 동물병원을 떠난 경우도 있었습니다.
- **동결**: 마지막으로 35%의 고객이 '동결'되었습니다. 즉, 엄밀히 말하면 다른 동물병원에 가지 않았기 때문에 고객을 잃은 것은 아니지만, 요점은 그들이(적어도 지난 12개월 동안) 평소 다니던 동물병원에도 가지 않았다는 것입니다.

생각할 거리

매년 '동결'에 들어가는 35%의 고객은 누구의 책임일까요? 최소한의 건강 기준도 지키지 않는 무책임한 반려동물 주인일까요? 아니면 동물병원에도 어느 정도 책임이 있을까요?

Pere Mercader 고객 동결에 관한 동영상입니다.

수의학 관리 아카데미의 모듈 5.

우수한 불만 처리의 경제적 효과

서비스 기업의 불만 관리에 관한 광범위한 연구 문헌이 있습니다. 이 주제에 관한 유명한 논문인 "*고객 행동과 불만 이해*"(2003)에서 존 굿맨과 스티브 뉴먼은 여러 가지 놀라운 사실을 발견했습니다:

- 놀랍게도 대부분의 불만족스러운 고객은 문제를 일으킨 회사에 불만을 제기하지 않습니다.
- 놀랍게도 많은 불만 처리 시스템이 고객이 불만을 제기하지 못하도록 설계되어 있거나 설계된 것처럼 보입니다.
- 회사에 불만 사항을 전달하는 프로세스를 원활하게 하면 불만족한 고객이 다른 곳에 불만을 표출하는 비율이 줄어듭니다.
- 불만을 제기하는 고객은 서비스를 가장 자주 사용하는 고객인 경우가 많습니다.
- 커뮤니케이션 채널이 명확하게 정의되어 있지 않아 불만 사항이 발생해도 이를 해결할 수 있는 담당자에게 전달되지 않는 경우가 많습니다.
- 불만족한 고객이 불만을 전달할 수 있다는 사실만으로도 기업에 대한 충성도가 크게 향상됩니다.
- 불만을 제기하는 성향은 문제의 심각성 및 고객에게 발생한 피해에 정비례합니다.
- 불만족스러운 고객의 불만을 제대로 처리하지 못하면 상당한 양의 '부정적 홍보'가 발생하는 경우가 많습니다.

그러나 가장 놀라운 통계 중 하나는 불만 처리 방식(또는 불만 처리 부족)에 따라 불만족한 고객이 회사의 고객으로 남을 가능성을 추정하는 통계일 것입니다.

불만족 고객 재구매 의도

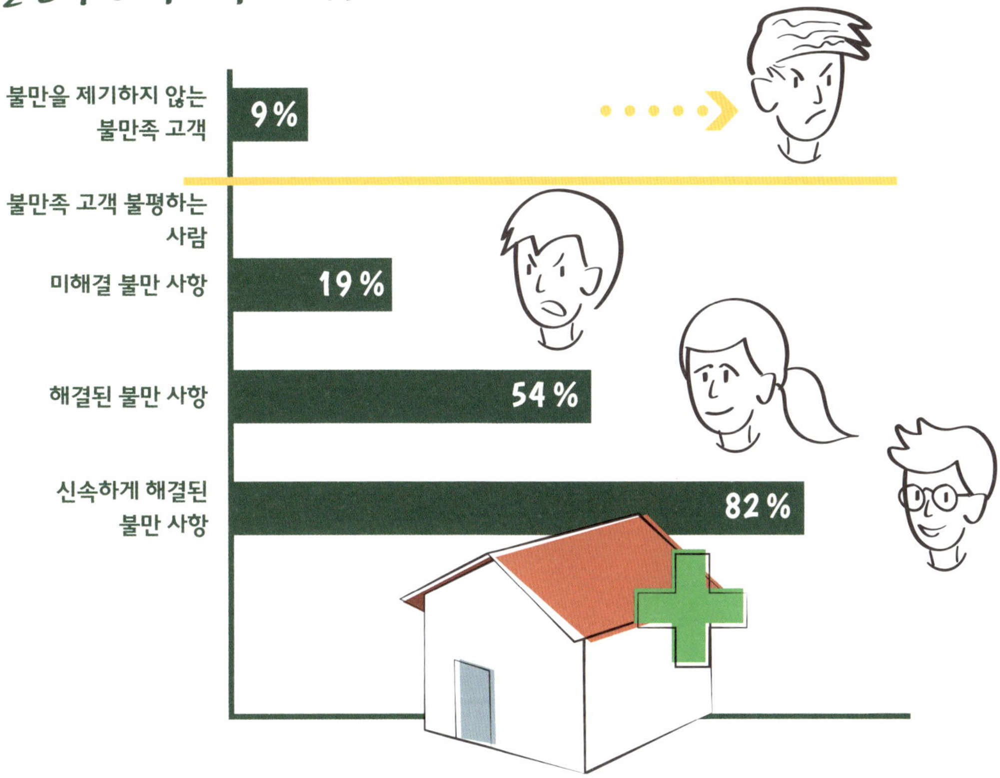

심각한 문제(100유로 이상) 발생 후 재구매 의향이 있는 고객의 비율(%)

고객 만족도를 측정하는 방법

고객 만족도 설문조사를 실시하는 것이 좋은가요?

이러한 관리 관행은 동물병원에 어떤 이점을 제공하나요?

고객 만족도 조사를 실시할 때 충족해야 하는 일련의 최소 조건이 있습니다.

고객 만족도 설문조사를 위한 최소 조건

- 잘 디자인하세요.
- 올바른 방식으로 구현해야 합니다.
- 자신을 잘 해석하세요.
- 결과를 현명한 방법으로 활용하세요.

이러한 조건이 충족된다면 정기적인 만족도 설문조사를 실시하는 것은 모든 동물병원을 위한 훌륭한 전략입니다. 고객의 의견을 자세히 알아보기 위해 이러한 정보 수집 프로세스를 실시하면 아래에 설명된 바와 같이 최소 세 가지 중요한 이점을 얻을 수 있습니다.

1 의사 결정을 위한 관련 정보 획득

대부분의 설문조사가 실시되는 이유입니다. 고객이 당사를 어떻게 알게 되었는지, 전화 서비스를 어떻게 평가하는지, 방문한 적이 있는 다른 동물병원을 알아보고, 어떤 서비스를 알고 있는지 또는 모르는지 등을 확인하기 위해서입니다. 이는 설문조사를 통해 해결할 수 있는 많은 질문 중 몇 가지 예에 불과합니다.

2 동물병원 직원에 대한 동기 부여 및 평가

직원들이 고객이 우리 서비스를 어떻게 평가하는지 알고 있다는 사실은 큰 동기 부여가 될 수 있습니다.

반면에 이러한 설문조사에서 얻은 정보는 직원들의 성과를 평가하는 데 중요한 기준을 제공합니다. 수의사 보수의 일정 부분을 고객 만족도 설문조사 결과와 연계하는 동물병원이 점점 더 많아지고 있습니다.

3 동물병원의 이미지

이러한 설문조사를 실시한다는 사실만으로도 동물병원은 보호자들과, 병원의 직원들에게도 다음과 같은 확실한 메시지를 주게 됩니다.

고객 만족에 대한 경영진의 관심이 말뿐인 것이 아니라 회사 자원을 투입하는 구체적인 실천으로 이어진다는 것을 보여줍니다.

이러한 장점들이 있지만 설문조사에서 흔히 저지르는 네 가지 유형의 실수를 꼭 인지하고 피해야 합니다.

1 설계 오류

가장 일반적인 것은 다음과 같습니다:

- 혼란스럽거나 표현이 잘못된 질문.
- 개방형 질문이 너무 많아 *나중에* 표를 작성하고 분석하기가 매우 어렵습니다.
- 편향적이거나 민감한 질문(응답에 영향을 미치거나 조작하는 질문, 이러한 유형의 '별표 질문'은 서비스 가격과 관련된 질문이 해당됨).
- 응답을 중앙 집중화할 수 있는 평가 척도.

2 구현 오류

이 오류 그룹에서 가장 관련성이 높은 오류는 다음과 같습니다:

- 샘플링 문제: 직원이 특정 고객에게만 설문조사를 제안하거나, 특정 시간대에만 설문조사를 실시하거나, 샘플 크기가 충분하지 않은 경우 등.
- 편견을 유발하는 관리 방법: 예를 들면 다음과 같습니다.
  익명성을 보장하지 않거나 서비스 결제 전 만족도 조사를 실시하는 경우.

3 해석 오류

일반적인 예는 다음과 같습니다:

- 데이터를 해석할 때 통계적 오류 수준을 고려하지 않습니다.
- 평가의 평균을 취합니다.
- 분포는 무시합니다.

4 설문조사 결과 사용 시 오류

예를 들어, 많은 동물병원 원장들은 고객 설문조사 결과를 직원들과의 '전쟁 무기'로 사용하고 싶어 합니다:

- 인센티브 형태의 질책 및 '보상'.
- 특정 급여 또는 경력 승진 결정에 대한 정당성.

이는 매우 유용한 도구(건설적으로 사용한다면)를 팀의 적으로 만들어 보이콧을 위해 가능한 모든 일을 하거나 더 나쁜 경우 온갖 종류의 창의적인 전략으로 결과에 영향을 미칠 가능성이 높은 위험한 경로입니다.

다음 사례 연구를 살펴보겠습니다.

파트 1

한 동물병원에서 고객 만족도 조사를 실시합니다. 질문 중 하나는 담당 수의사로부터 받은 서비스에 대한 만족도에 관한 것입니다. 한 달 동안 각 수의사별로 50건의 설문조사를 수집하여 이 결과를 도출했습니다:

1점부터 4점(전혀 만족하지 않음 1점, 별로 만족하지 않음 2점, 보통 만족 3점, 매우 만족 4점)까지의 척도 중 귀하를 진료한 수의사로부터 받은 진료에 대해 어떻게 평가하시겠습니까?

수의사	평균 점수
1	3.2
2	3.2

이러한 데이터를 확인한 동물병원 소유주는 안심할 수 있었습니다:

- 수의사에 대한 평균 만족도는 양호했습니다.
- 두 수의사의 검사 결과에는 큰 차이가 없었습니다.

파트 2

외부 컨설턴트는 동물병원 소유주에게 동물병원의 두 수의사 결과에 대해 좀 더 자세히 조사해 볼 것을 제안합니다. 이것이 그 결과입니다:

1점부터 4점(전혀 만족하지 않음 1점, 별로 만족하지 않음 2점, 보통 만족 3점, 매우 만족 4점)까지의 척도 중 귀하를 진료한 수의사로부터 받은 진료에 대해 어떻게 평가하시겠습니까?

수의사	평균 점수	획득한 점수
1	3.2	• 1을 준 고객 4명 • 2를 준 고객 3명 • 3점을 준 고객 22명 • 4점을 준 고객 21명
2	3.2	• 1을 준 고객 11명 • 2를 준 고객 1명 • 3점을 준 고객 1명 • 4점을 준 고객 37명

결론:

- 평균은 때때로 너무 많은 정보를 요약합니다.
- 이 사례에서 수의사 2는 고객의 '양극화'(매우 만족한 고객과 매우 불만족한 고객)라는 분명한 문제를 안고 있었습니다.
- 50명의 고객 중 11명이 그에게 1점을 준다는 것은 그에게도 병원에도 좋지 않은 일이기 때문에 그 이유를 이해하려면 더 많은 연구가 필요합니다.

수의학 동물병원에 적용된 순 *프로모터 점수*(NPS)

NPS는 대부분의 서비스 활동에서 가장 널리 사용되는 고객 만족도 측정 기법인 순 *추천 점수에서* 파생된 약어입니다. 포춘 1000대 기업 중 약 3분의 2가 이 기법을 사용하고 있는 것으로 추정됩니다.

"대기업을 장악하고 있는 간단한 지표".

출처: *Fortune* (2020년 6월 3일 검색).

이 설문조사는 고객이 최근 동물병원에서 받은 서비스에 대한 만족도를 1점부터 10점까지의 척도로 답하는 하나의 핵심 질문으로 요약하는 방식으로 구성됩니다.

Pere Mercader의 NPS에 관한 동영상:
비방하는 사람, 수동적인 사람, 촉진하는 사람.

수의학 관리 아카데미의 모듈 5.

어제 저희가 제공한 서비스를 바탕으로 친구나 가족에게
저희 동물병원을 추천할 가능성이 얼마나 되십니까(0~10점 척도)?

비추천 또는 불만족: **점수 0~6점**	보통: **점수 7~8점**	추천 또는 만족: **점수 9~10점**

이 기법의 강점은 고객 만족도를 하나의 수치로 종합하여 시간이 지남에 따라 모니터링할 수 있다는 사실에 있습니다.

추천자 비율 – 비추천자 비율 = NPS

이 도구를 좀 더 정교하게 활용하면 고객 또는 팀과 함께 추가 작업을 수행할 수 있습니다.

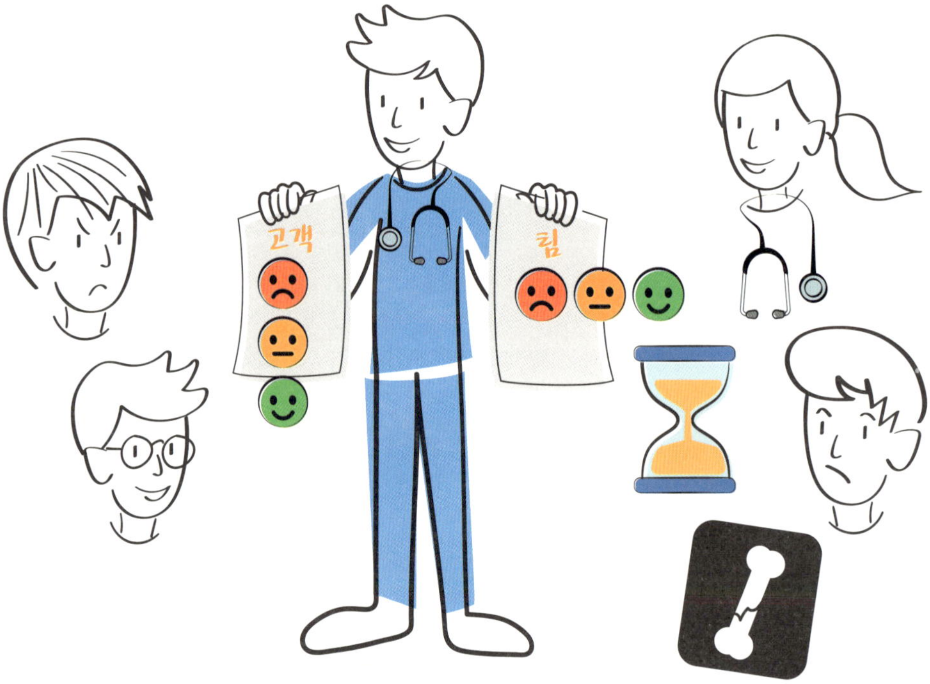

고객과 함께:

- 비방하는 사람에게 연락하여 상황을 전환하고 고객의 불만을 관리합니다.
- 추천자에게 소셜 미디어에 평점을 공유할 수 있도록 허락을 요청하세요.
- 옹호인과 비방하는 사람에게 두 번째 질문을 추가합니다.

저희 팀과 함께:

- NPS 분석 세부 정보를 사용하여 동물병원의 전문 분야별, 시간대별 심지어 개별 수의사도 마찬가지입니다.
- 개선에 대한 내부 목표를 설정하고, 궁극적으로는 이러한 지표를 기반으로 팀에 대한 인센티브를 제공합니다(주의).

하버드 비즈니스 스쿨의 라이히헬드 교수가 개발한 이 기법을 사용하면 고객이 다른 고객과의 사회적 상호작용에서 동물병원에 대해 호의적인 태도를 보일지, 중립적인 태도를 보일지, 비판적인 태도를 보일지 반응을 바탕으로 예측할 수 있습니다.

NPS: 고객 만족도 온도계에 대한 시각적 설명이 포함된 Pere Mercader의 동영상입니다.

수의학 관리 아카데미의 모듈 5.

고객 중심: 측정 가능한 성과를 내는 철학

고객 지향이란 '고객의 안경을 통해' 세상을 바라보는 것을 의미합니다. 이는 동물병원의 모든 활동에서 고객의 관점을 고려하고 우선순위를 부여한다는 의미입니다.

고객은 업무를 수행하기 위해 극복해야 하는 귀찮은 존재가 아니라, 바로 우리의 일입니다.

다음 표에는 고객 서비스의 다양한 측면을 나타내는 여러 가지 작업[고객 지향(CO) 또는 비고객 지향(NOC)]이 나와 있습니다.

작업	OC	NOC
수술 다음 날 고객에게 전화하여 수술 경과를 묻습니다.	✓	
고객이 전화로 요청한 수의사를 찾지 못한 경우 나중에 다시 전화하는 것이 좋습니다.		✗
예약제로 운영됩니다.	✓	
저희는 전화로 가격을 알려드리지 않고 직접 고객을 맞이하는 것을 좋아합니다.		✗
화장실에 눈에 잘 띄는 표지판을 설치하여 고객에게 청결을 당부하고 있습니다. 결국, 청결은 고객에게 달려 있습니다.		✗
중/고비용 절차(100유로 이상)에 대해서는 서면 견적을 제공합니다.	✓	

작업	OC	NOC
리셉션에서는 프로토콜이 적을수록 좋으며, 프로토콜화된 자동화가 아니라 좋은 사람이 필요합니다.		X
저희는 정직합니다... 1,000명의 고객 이름과 실적을 외우고 있는 척하지 않겠습니다!		X
저희는 어릴 때부터 새끼 고양이와 강아지가 대기실에서 함께 생활하도록 하는데, 이는 사회성 발달에 도움이 됩니다.		X

마지막 반론: 고객이 항상 옳은 것은 아닙니다.

때로는 고객 지향에 대한 믿음의 빛에 현혹되어 고객이 항상 옳다고 믿는 극단적인 생각에 빠질 수 있지만, 그렇지 않습니다.

다음 *체크리스트*는 상황을 파악하는 데 도움이 될 수 있습니다:

1. 직원을 모욕하거나 무례하게 대하는 고객은 우리 동물병원에서 설 자리가 없습니다. 넘을 수 없는 울타리가 있습니다.
2. 고객은 동물병원에 단 몇 분을 머물지만, 직원들은 늘 병원에 상주합니다. 만일 고객이 우리에게 우리의 팀과 개인 둘 중 하나를 선택하길 원한다면 결정을 명확해집니다.
3. 모든 환자(개, 고양이 등)는 동일한 의료 품질과 동일한 수준의 서비스를 받을 자격이 있습니다. 하지만 모든 고객(보호자)이 자신의 반려동물과 우리 병원에 똑같이 헌신하는 것은 아닙니다.
4. 동물병원 경영학(VMS)에 따르면 병원 고객의 상위 50%가 매출의 86%를 창출하는 반면, 하위 50%는 매출의 14%만 창출합니다. 이 두 그룹 중 어느 그룹을 위해 서비스, 시설, 가치 제안을 설계해야 할까요?

5. 고객은 반려동물의 주인이지만 당사의 직업 윤리보다 우선하지 않습니다. 어떤 고객도 수의사에게 원칙에 위배되는 의료 행위를 요청할 권리가 없습니다.
6. 고객이 할인을 요청할 권리가 있는 것과 동일하게, 병원은 그 요청을 거부할 수 있습니다. "동물을 돈으로 보는 수의사는 아닐 줄 알았는데..."와 같은 심리적 압박은 받지 않도록 합시다.
7. 가장 중요한 것 중 하나는 자신에게 좋지 않은 고객과 거리를 두는 것입니다. 득보다 실이 더 많은 악성 고객이 있습니다. 그들에게 더 잘 맞는 병원을 찾을 수 있도록 그들을 놓아주는 법을 배워야 합니다.

요약

고객 서비스는 인생의 다른 거의 모든 것과 마찬가지로 균형의 문제입니다. 한편으로는 동물병원이 진정으로 고객 지향적인 조직으로 행동하는 것이 필요합니다:

- 고객의 의견을 경청하고, 이해하고, 측정하고, 분석하고, 대응해야 합니다.
- 고객 만족도를 측정하기 위해서는 좋은 설문조사가 필요하고, 발생할 수 있는 불만사항을 수집하고 관리하기 위해서는 간소화되고 간단한 프로세스가 필요합니다.
- 물론 이 모든 과정에는 친절하고 서비스 마인드를 갖춘 직원들로 구성된 팀이 함께 합니다.

그렇다고 해서 "고객은 항상 옳다" 또는 "모든 고객은 동일한 서비스를 받을 자격이 있다"와 같은 진부한 말이 사실이라는 의미는 아닙니다.

상식과 증거에 따르면 동물병원에는 배려심이 없고, 우리 팀을 무시하며, 반려동물의 건강을 위해 헌신하지 않는 일부 고객들이 있다는 사실을 매일매일 확인할 수 있습니다.

훌륭한 동물병원 오너 매니저가 되기 위해서는 흠잡을 데 없는 서비스를 제공하되, 팀의 사기를 떨어뜨리는 '고객의 변덕에 무조건 복종'에 빠지지 않는 균형을 찾는 데 있습니다.

추천 참고 문헌

1. Goodman J, Newman S. Understanding customer behavior and complaints. *Quality Progress*, 2003; 36(1), 51-55. Artículo esencial sobre la gestión de quejas en entorno de empresas de servicios. Analiza la lógica económica detrás de la buena gestión de los procesos de quejas.
2. Mercader P. *Soluciones de gestión para clínicas veterinarias*. Editorial Servet-Grupo Asís, 2009. En el capítulo 8 hay una discusión ampliada sobre algunos formatos de encuestas de satisfacción a clientes, así como de su implementación práctica.
3. Reichheld FF. The one number you need to grow. *Harvard Business Review*, 2003; 81(12):46-54. Artículo donde se presentó la metodología del NPS.

CHAPTER 6

동물병원 보호자와의 성공적인 커뮤니케이션

소개

한 연구에 따르면 수의사가 보호자의 말을 끊는 데 걸리는 시간이 15초에 불과하다는 사실을 알고 계셨나요?

아니면 다른 연구에 따르면 수의사가 보호자에게 공감하는 발언을 하는 경우는 진료의 7%에 불과하다는 점을 알고 계셨나요?

한 연구에 따르면 수의사가 보호자의 문제를 인식하지 못하는 경우가 많으며, 진료 시 33%만 보호자에게 우려 사항에 대해 물어본다는 사실을 알고 계셨나요?

수의사가 겪는 불만 사항의 80% 이상이 커뮤니케이션 실패에서 비롯된다는 사실도 알고 계셨나요?

하지만 꼭 그럴 필요는 없습니다.

이 장에서는 이상적인 상담이 7단계로 구성된 매우 정교한 순서로 이루어진다는 것을 발견하게 될 것입니다.

커뮤니케이션 기술 개발을 위한 가장 권위 있는 가이드인 캘거리 캠브리지 가이드의 도움을 받아 각 스킬을 올바르게 사용하는 방법에 대한 핵심 팁을 살펴보겠습니다.

각 단계에서 가장 빈번하게 발생하는 실수와 이를 방지하는 방법을 살펴봅니다.

또한 일이 잘못되었을 때 어떻게 해야 하는지, 보호자가 이의를 제기할 때 어떻게 대화를 처리해야 하는지 알아보고 보호자의 의심을 해결할 뿐만 아니라 보호자가 여러분의 조언을 신뢰하게 만들 수 있습니다.

마지막으로 보호자가 서비스에 대해 불만을 제기하는 끔찍한 순간을 관리할 수 있는 단계별 방법을 알아보세요.

이 장의 학습 목표

1. 캘거리 캠브리지 가이드를 사용하여 완벽한 상담을 위한 7단계에 대해 알아보세요.
2. 보호자의 의심과 이의 제기를 처리하는 방법을 알아보세요.
3. 보호자 불만 처리 및 보호자 신뢰 회복.

이 챕터가 끝나면 상담을 올바르게 시작하고, 적절하게 발전시키고, 더 나은 방향으로 마무리하는 방법을 알게 될 것입니다. 또한 원하는 대로 일이 진행되지 않을 때 상황을 활용하여 보호자와의 신뢰를 더욱 개선하고 구축하는 방법을 알게 될 것입니다.

이 장의 학습 목표에 대한 Miguel Ángel Díaz 의 동영상입니다.

수의학 관리 아카데미의 모듈 6.

상담 시 원활한 의사소통의 중요성: 놀라운 사실과 오해

놀라운 사실 1

존슨앤드엘리스가 2006년에 미국 수의사협회 전문 배상 책임 보험 신탁의 데이터를 사용하여 실시한 연구에서 보호자 불평 불만의 원인을 분석했습니다. 그중 약 80%가 커뮤니케이션 문제에서 비롯된 것으로 나타났습니다.

잘못된 믿음 1. 커뮤니케이션은 성격적 특성이며, 커뮤니케이션 능력이 있든 없든 상관없습니다.

이것은 완전히 잘못된 생각입니다. 의사소통은 훈련할 수 있고 훈련해야 하는 임상 기술입니다. 안타깝게도 우리는 그 방법을 모르는 경우가 너무 많습니다. 수의사 커뮤니케이션을 개선하기 위한 최적의 훈련의 핵심은 원활한 커뮤니케이션을 위해 필요한 기술을 파악하고 이를 핵심 요소로 세분화하는 것입니다.

예를 들어 "보호자와 잘 어울리지 못합니다"와 같은 *피드백*에서 "보호자가 반려동물의 문제점을 말할 때 자주 끼어들고, 열린 질문을 하지 않으며, 상담 시 공감하는 발언을 하지 않습니다"와 같은 *피드백으로* 전환할 수 있습니다.

놀라운 사실 2

평균적으로 수의사는 보호자에게 상담 이유를 물어본 후 15초 이내에 상담을 중단합니다. 이렇게 중간에 끼어들면 보호자가 공유할 수 없는 정보가 많다는 것은 분명해 보입니다. 수의사가 호기심을 가지고 보호자에게 온전히 주의를 기울여 경청한다면, 이것이 얻은 데이터의 양과 질에 어떤 영향을 미치겠습니까? 보호자가 이에 대해 어떻게 느끼겠습니까?

잘못된 믿음 2. 커뮤니케이션에 대한 모든 것, 특히 경청에 대해 배우면 상담이 오래 걸릴 것이다.

많은 수의사들은 보호자가 반려동물을 데리고 온 이유를 모두 말하게 하면 상담 시간이 너무 길어져 반려동물과 더 많은 시간을 보내야 할 것이라고 생각합니다. 하지만 여러 연구에 따르면 그 반대라는 사실이 밝혀졌습니다. 적절한 의사소통 방법을 배우면 시간을 절약할 수 있을 뿐만 아니라 보호자의 신뢰도와 순응도가 향상됩니다. 또한 오해와 불만도 예방할 수 있습니다.

놀라운 사실 3

2009년에 3년에서 14년 사이의 경력을 가진 1,714명의 수의사를 대상으로 한 연구에서 월시는 수의사에게 수의학 업무에 필요한 다양한 역량의 중요도를 평가하도록 요청했습니다. 임상적 추론과 보호자와의 소통 능력, 이 두 가지 역량만이 가장 높은 점수를 받았습니다. 그 다음으로 높은 평가를 받은 두 가지 역량은 우수한 신체 검사 기술과 클리닉 관리 능력이었습니다.

잘못된 믿음 3. 정말 중요한 것은 정확한 진단을 내리고 적절한 치료법을 적용하는 것입 니다.

부분적으로 사실입니다. 보호자가 이해하지 못하는 방식으로 설명하면 어떻게 될까요? 준수 가능성은 어떻게 될까요? 보호자가 예상보다 훨씬 높은 청구서를 받으면 어떻게 될까요? 진단에 의문이 있는데 수의사가 도와주지 않는다면 보호자의 반응은 어떻게 될까요?

캘거리 캠브리지 가이드: 상담 시 보호자를 감동시키는 7단계

1990년대 중반, 캘거리 대학의 수잔 커츠 교수와 케임브리지 지역의 의사인 조나단 실버맨은 의학 분야의 커뮤니케이션 기술을 가르치고 배우기 위한 가이드인 캘거리 케임브리지 가이드의 첫 번째 버전을 만들었습니다.

몇 년 후인 1990년대 후반, 신디 아담스 박사는 토론토 대학교 수의학부에서 가르치던 커뮤니케이션 기술 프로그램에 캘거리 캠브리지 가이드를 적용하고 수정했습니다.

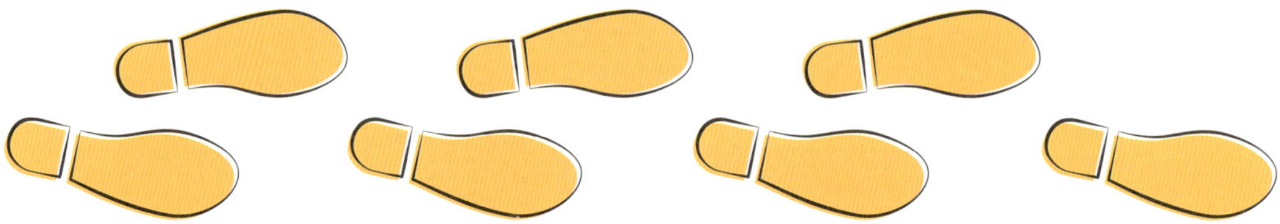

오늘날 캘거리 캠브리지 가이드는 커뮤니케이션 기술을 최고 수준으로 끌어올리고자 하는 모든 수의사에게 초석이 되었습니다.

캘거리 캠브리지 가이드(이하 CCG)의 프레임워크는 의사소통 및 신체 검사 측면에서 수행해야 할 작업을 포함하는 수의사 진료의 그래픽 표현입니다.

수의사는 5가지 업무를 어느 정도 체계적으로 수행해야 합니다.

나머지 두 가지 작업인 관계 구축과 구조 제공은 다른 다섯 가지 작업을 성공적으로 완료하는 데 필수적이며 상담 프로세스 전반에 걸쳐 이루어집니다.

수의사의 5가지 임무

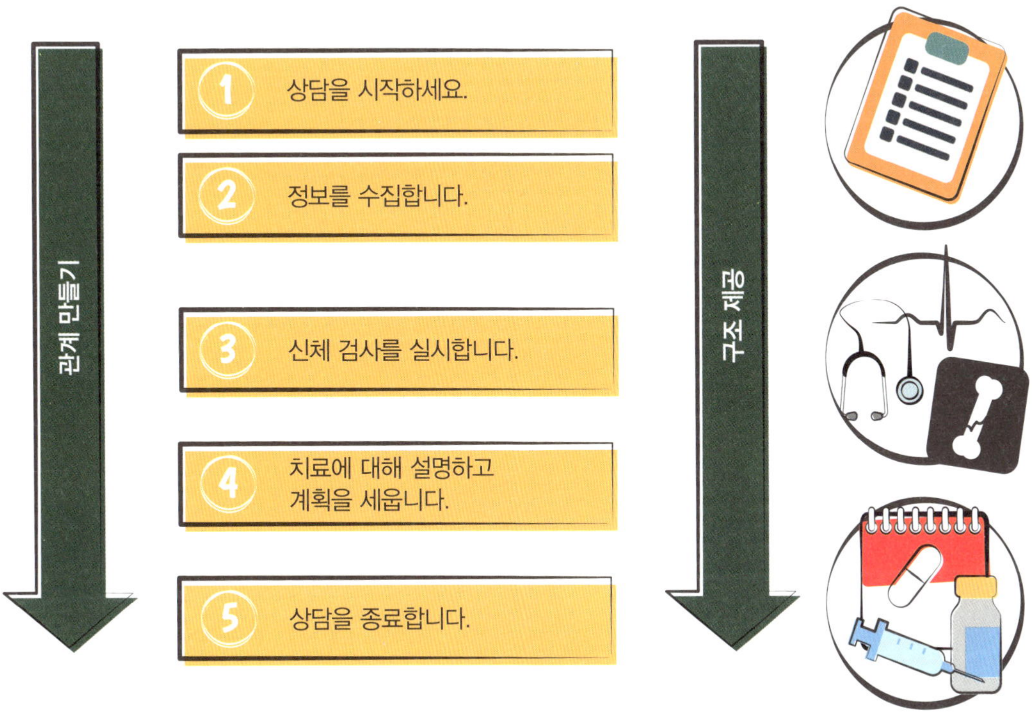

보다 발전된 CCM 프레임워크는 다음과 같습니다:

1. **상담을 시작하세요:**
    - 준비.
    - 초기 조율 설정.
    - 상담 사유 파악.

2. 환자의 문제를 파악하기 위해 환자의 문제를 탐색하여 정보를 수집합니다:
    - 생물의학적 관점.
    - 환자 관점.
    - 배경/컨텍스트 정보.

3. **신체 검사 실시:** 순수하게 임상적인 목적으로 신체 검사는 정보 수집 단계에 분명히 포함될 수 있지만 다른 의사소통 작업과 분리되어 있습니다.

4. **치료에 대해 설명하고 계획을 세웁니다:**
    - 올바른 양과 유형의 정보를 제공.
    - 정확하게 기억하고 이해할 수 있도록 돕기.
    - 환자의 질병 배경을 포함시켜 상호 이해를 이루기.
    - 공동 의사 결정을 계획하기.

5. **상담을 종료합니다:**
    - 금일 진료의 범위가 설정되었는지 확인합니다.
    - 미래를 위한 계획.

또한:

구조를 제공하세요:

- 조직은 자유롭게 소통할 수 있도록 만듭니다.
- 조직은 변화에 맞게 유연하게 운영되어야 합니다.

관계 만들기:

- 적절한 비언어적 행동 사용.
- 조율 능력 개발.
- 환자 참여.

이 가이드에는 70개 이상의 다양한 기술이 포함되어 있지만, 각 기술에 대해 자세히 설명하지는 않으니 걱정하지 마세요. 각 작업에 대한 몇 가지 핵심 팁을 살펴보겠습니다.

상담 시작하기

2011년 연구에서 다이사트는 수의사가 보호자에게 우려 사항에 대해 물어 본 경우가 33%에 불과하다는 사실을 발견했습니다. 2000년, 보호자 35명 중 4명만이 진료 시 환자의 문제점을 충분히 말하였고, 수의사는 주된 원인이 아닌 첫 번째 우려 사항만을 파악할 수 있었다고 배리는 말합니다.

또한, 평균 우려 사항의 수는 1.2~3.9건이었으며, 이러한 우려 사항을 표현하는 순서는 임상적 중요도와는 관련이 없었습니다.

이러한 실수를 피하려면 어떻게 해야 할까요?

이러한 실수는 큰 불만을 야기할 수 있으며 심지어 '뒤통수 찔림'이라는 증후군을 유발할 수도 있습니다.

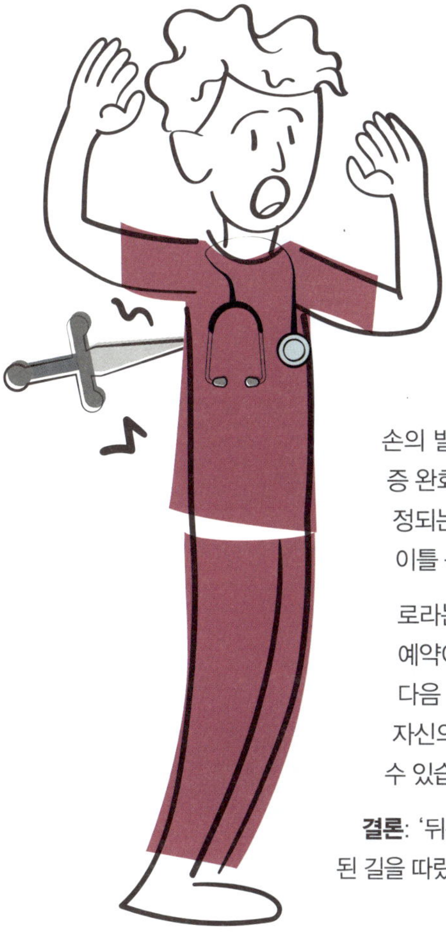

뒤통수를 찌르는 부분을 살펴봅시다. 예를 들어

로라는 디아즈 씨에게 상담 사유를 묻습니다. 그녀는 자신의 반려견인 삼손이라는 푸들이 사흘째 다리를 절고 있다고 말합니다. 로라는 삼손을 검진 테이블에 올려놓고 정형외과적 정밀 검사를 실시합니다. 매우 전문적이며 손바닥과 발바닥 패드에 미란과 가벼운 양측 내측 슬개골 탈구를 발견합니다. 그는 무릎 엑스레이 촬영에 대한 동의를 구한 후 삼손의 발바닥을 세척하고 소독하고 드레싱을 합니다. 마지막으로 통증 완화를 위해 소염제를 주사하고 3일 후 검진 예약을 잡습니다. 걱정되는 점이 있느냐는 질문에 보호자는 "사실 가장 걱정되는 것은 이틀 동안 아무것도 먹지 않았다는 것입니다"라고 대답합니다.

로라는 '뒤통수'를 맞습니다. 이제 로라에게 문제가 생겼는데, 다음 예약이 그녀를 기다리고 있습니다. 상담을 다시 시작하면 기다리던 다음 보호자를 만날 수 없게 됩니다. 삼손과 다시 상담하지 않으면 자신의 건강을 위험에 빠뜨리고 보호자의 요구도 충족시키지 못할 수 있습니다.

결론: '뒤통수 맞기'는 보호자의 모든 우려 사항을 고려하지 않고 잘못된 길을 따랐기 때문에 발생하는 결과입니다.

이야기의 교훈은 특정 보호자의 구체적인 우려 사항과 환자의 가장 중요한 문제를 다룰 수 없다면 뛰어난 진단 능력과 훌륭한 과학적 지식이 있어도 소용이 없다는 것입니다.

상담을 잘 시작하기 위한 팁

상담에 대비하세요:

- 침착하고 편안하게 지내세요.
- 연습 시 청결과 정돈에 주의를 기울이세요.
- 잊고 싶지 않은 것은 무엇이든 적어두세요.
- 의료 기록을 읽어보세요(이전에 방문한 적이 있는 경우).

좋은 첫인상을 남기세요:

- 탈의실에 주의를 기울이세요.
- 미소를 지으세요.
- 이름과 직책 등 자신을 소개합니다.
- 보호자와 반려동물의 이름을 알아둡니다.
- 보호자와 반려동물의 신체적 편안함에 주의를 기울이세요.

방문 이유를 파악합니다:

- "무엇을 상담하러 오셨나요?", "방문 이유가 무엇인가요?".
- 첫 번째 이유만 고집하지 마세요. "다른 것은요?", "X와 Y 외에 걱정되는 것이 또 있나요?"라고 질문하세요.
- 주의 깊게 듣고 들은 내용을 요약하여 이해 여부를 확인합니다. "내가 제대로 이해했다면, 그는 3일 동안 절뚝거리고 어제 식사를 중단해서 걱정하고 있습니다. 심지어 우유와 좋아하는 비스킷을 함께 주어도 거부합니다."

정보 수집

몇 가지 흥미로운 사실을 살펴보는 것부터 시작하겠습니다:

- **임상 이력**: 2015년 맥더못에서 실시한 연구에서 미국과 영국의 수의사 1,774명을 대상으로 좋은 임상 이력 확보의 중요성에 대해 질문했습니다. 73%가 매우 중요하다고 답했습니다.

- **조언**: 맥아더와 피츠제럴드는 2013년에 수의사들이 정보를 얻는 데 6%의 시간을, 조언을 제공하는 데 41%의 시간을 소비한다는 사실을 발견했습니다. 조언을 제공하고 보호자를 교육합니다.
- **질문**: 쇼는 2004년에 300건의 상담을 기록했는데, 상담당 평균 질문은 5개에 불과했습니다.
- **방문의 원인**: 또 다른 연구에서 Magnie와 Rutter는 방문의 주요 원인을 파악할 수 있는 고학년 학생은 거의 없다는 사실을 발견했습니다.

위의 문제를 피할 수 있는 매우 유용하고 다재다능한 도구가 있습니다. 이 도구는 ART라고 불리며 의료 커뮤니케이션 아카데미(ACH)에서 개발했습니다. 이 도구는 정보를 소화 가능한 부분으로 나누고 클라이언트가 자주 확인하고 입력하는 것으로 구성됩니다.

약어 ART는 어디에서 왔나요?

A(*물어보기*): 보호자에게 상담 이유와 진단 또는 증상에 대한 소감에 대해 호기심을 가지고 물어봅니다.

R(*응답*): 적극적이고 공감적으로 경청한 후 보호자에게 응답합니다.

T(*말하다*): 이슈에 대한 자신의 관점을 말하거나 공유합니다.

ART 방식으로 상담을 시작할 때의 장점:

- 보호자의 우려 사항을 파악하면 보호자의 우려 사항을 해결하는 데 더 많은 시간을 할애할 수 있습니다.
- '뒷담화'를 방지합니다.
- 보호자의 필요에 맞게 설명을 맞춤화하세요.
- 보호자가 경청하고 존중받는다고 느끼게 하여 보호자 경험을 개선하세요.
- 상담 중 다음 단계에 대한 순응도를 높입니다.

- 수의사는 보호자와 더 많이 연결되어 있다고 느끼기 때문에 좌절감을 덜 느낍니다.

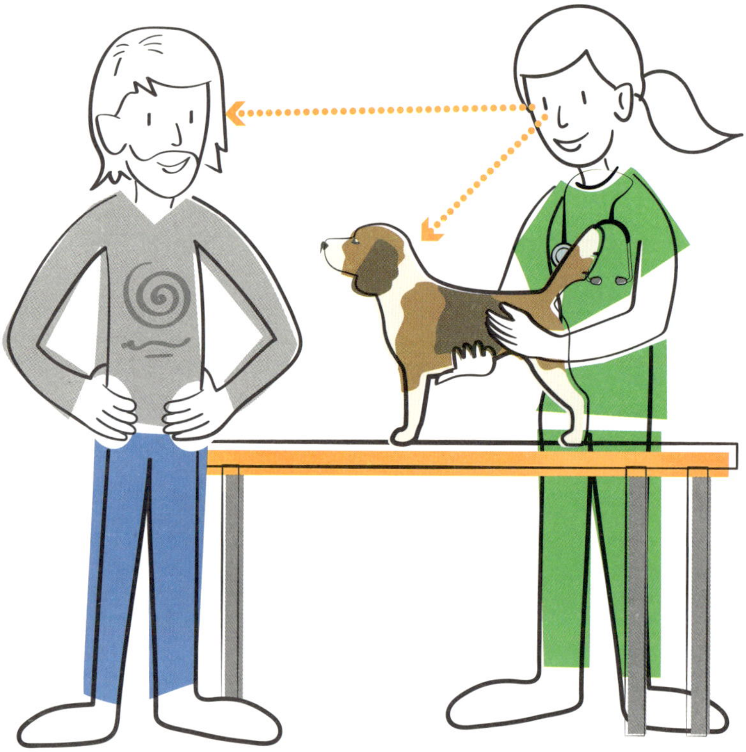

제 경험에 따르면 수의사들은 공감하는 말을 하는 법을 배우기가 매우 어렵다고 합니다. 다음을 학습하면 더 나은 임상의가 될 수 있습니다. 보호자의 반려동물에게 일어나는 일과 반려동물을 돌보는 방법에 대해 얼마나 관심을 갖고 있는지 명확하게 보여주는 기술입니다. 단순히 치료해야 할 질병이 아니라 그 질병에 대해 느끼는 것입니다.

보호자와 신뢰 관계를 구축하는 과정에서 보호자가 표현하는 감정을 인식하고 이러한 감정 신호에 대응하는 방법을 배울 수 있습니다.

일단 이러한 감정을 표출하면 이를 감지하기 위해 노력하고, 임상의로서 공감하는 말과 친숙한 제스처, 자세 또는 표정으로 대응해야 합니다.

그렇게 하지 않으면 보호자는 "수의사가 내 말을 듣지 않는다"고 표현하며 의사소통 장벽이 생깁니다. 이는 검사 및 치료가 중단되거나 '더 많이 이해하고 배려하는' 다른 수의사를 찾는 결정적인 이유가 될 수 있습니다.

ACH(헬스케어 커뮤니케이션 아카데미)에서는 공감할 수 있는 문구를 만드는 것에 대해 철저하게 연구하여 약어인 'PEARLS'를 개발했고, 이를 영어로 '**PERLAS**'라고 표기했습니다.

죄송합니다
- 기다리게 해서 죄송합니다.

흥분
- 얼마나 답답하실지 잘 알고 있습니다.
- 그는 매우 화가 난 것 같습니다
- 걱정하시게 하여 죄송합니다.
- 그는 매우 짜증이 난 것 같습니다.

존중
- 그는 항상 귀 기울려 보호자 말을 경청하기위해 노력하고 있습니다.
- 그는 이 기간 동안 훌륭한 일을 해냈습니다.

합법화
- 같은 상황에 처한 대부분의 사람들이 같은 생각을 할 것입니다.

연결
- 함께 협력하여 문제를 해결해 봅시다.
- 함께 무엇을 할 수 있는지 알아봅시다
- 저희를 믿으셔도 됩니다.

지원
- 항상 보호자님 곁에서 함께 하겠습니다.
- 우리는 어떤 경우에도 그녀를 혼자 두지 않을 것입니다.

정보 공유 및 설명 단계에서 ART를 사용한 예시

— 그렇군요. 긁는군요. 불쌍해라. 여기로 데려오길 잘하셨어요. 가려운 모양입니다. 잠시 후에 피부 상태가 어떤지 살펴보겠습니다. 다른 우려할 만한 사항이 있나요?

— 구티가 전염될까봐 걱정돼요. 의사 선생님, 저는 매우 강력한 치료를 받고 있어서 방어력이 매우 떨어져 있는데 구티가 저를 감염시킬 수 있는 무언가를 가지고 있는 건 아닌지 걱정됩니다.

— 우려를 이해하며 공유해 주셔서 감사합니다. 전염 가능성이 없는지 확인하기 위해 최선을 다하겠습니다. 다른 우려되는 문제가 있나요?

— 제 병 때문만은 아니에요. 구티는 제게 생명을 불어넣어줬고, 지금은 가족들과 공원에 산책도 더 많이 나가고 있습니다. 구티가 저나 다른 개들에게 전염병을 옮을까 봐 걱정될 뿐만 아니라 무엇보다도 심각한 병에 걸렸을지도 모른다는 생각, 구티에게 무슨 일이 생겨 구티 없이 혼자 남게 될지도 모른다는 생각에 겁이 납니다. 제가 가장 두려워하는 것은 나쁜 소식을 전할지도 모른다는 점이고, 그 녀석 없이는 어떻게 해야 할지 모르기 때문에 이전에는 데려오지 않았어요.

— 걱정을 끼쳐드려서 죄송합니다. 우리는 모든 것을 할 것입니다. 더 하고 싶은 말이 있나요?

— 아뇨, 그게 다입니다.

체계를 잡아주기

CCG에 대한 인식을 높이기 위해 워크숍을 진행할 때 가장 먼저 하는 연습 중 하나는 가이드의 7단계를 순서대로 정리하는 것입니다. 거의 예외 없이 모든 수의사가 '체계잡기' 단계에 배치하는 것을 어려워합니다. 그 이유는 그것이 무엇을 의미하는지 명확하지 않기 때문입니다. 이를 설명하기 위해 비유를 들어보겠습니다.

"체계잡기" 한다는 것은 무엇을 의미하나요?

여러분은 앉아서 기다리고 있습니다. 회의가 곧 시작됩니다. 연사가 연단으로 나와 청중에게 인사하며 "앞으로 40분 동안 보호자 불만을 올바르게 처리하기 위한 핵심 사항을 살펴보겠습니다. 먼저 불만이란 무엇인지 살펴보겠습니다. 그런 다음 불만이 왜 그렇게 많은 스트레스를 유발하는지 이해하기 위해 뇌 속으로 들어가서 불만을 적절하게 처리하는 8단계 방법을 보여 드리겠습니다. 강의가 진행되는 동안 중요한 질문이 있으시면 주저하지 마시고 언제든지 질문해 주세요. 강의가 끝나면 15분 동안 질의응답 시간도 가질 예정입니다.

발표자는 무엇을 했나요? 그는 컨퍼런스가 어떻게 구성되고, 어떻게 진행될 것이며, 청중이 무엇을 기대할 수 있는지 명확하게 설명했습니다.

이것이 바로 상담 중에 '체계잡기'를 한다는 의미입니다. 이를 통해 수의사는 보호자에게 상담 중에 어떤 일이 일어날지 알려주므로 양쪽 모두 항상 동일한 수준의 정보를 얻을 수 있습니다.

이제 예제를 통해 이를 적용해 보겠습니다.

"가르시아 부인, 제가 정확히 이해했다면 오늘 Zara에서 발톱깎기, 항문낭 짜주기, 오른쪽 눈의 속눈썹, 어제부터 기울어진 머리의 경련과 기울어짐, 예방 접종 등 몇 가지를 확인하길 원하시는 게 맞나요?

Zara가 귀가 많이 아파서 귀를 가만히 두지 못하고 보호자께서 30분 후에 출근해야 한다는 점을 감안할 때 다음과 같은 계획을 제안합니다. 우선 Zara를 진정시키십시오. 나는 Zara가 귀에 가시가 있다는 의심이 있습니다. 눈에 또 하나 박혔을 수도 있습니다. 진정제를 투여하면 귀와 눈을 제대로 검사할 수 있고, 가시가 있으면 통증 없이 제거할 수 있습니다.

진정제를 투여한 후 발톱을 자르고 항문낭을 짜 주었습니다. 우리가 할 수 없었던 유일한 일은 백신 접종뿐이었지만, 백신이 2주 동안 유효기간이 만료되지 않는다고 하니 걱정하지 마세요. 검진을 받으러 올 때 모든 것이 잘되면 예방 접종을 할 수 있습니다.

마지막으로, 진정제에서 깨어나려면 시간이 좀 걸릴 테니 원하시면 Zara는 저희에게 맡기고 일하러 가셨다가 퇴근하시면 데리러 오셔도 돼요. 어쨌든 Zara가 깨어나면 전화해서 어떻게 되었는지 알려드릴게요. 어떻게 생각하세요?"

체계잡기를 하면 다음과 같은 이점이 있습니다.

- 이를 통해 수의사와 보호자가 진료과정을 함께 다룰 수 있습니다.
- 커뮤니케이션을 개선하여 양 당사자가 동일한 수준의 정보를 공유할 수 있습니다.
- 오해를 피하세요.
- 시간이나 상담 중에 할 수 있는 일에 대한 잘못된 기대가 있는 경우, 이를 테이블에 올려놓고 공개적으로 논의합니다.

구조를 제공하는 세 가지 방법을 살펴보겠습니다:

1 ***재확인***:

일정 시간(상담 중 여러 번)이 지난 후 들은 내용을 요약하여 다음 단계로 넘어가기 전에 모든 내용을 이해했는지 확인하는 것으로 구성됩니다.

예를 들어, "제가 올바르게 이해했다면 어제 밭에서 산책하고 돌아오자마자 고개를 흔들기 시작했죠?

또 다른 예: "눈과 귀에 가시가 들어간 것 같습니다. 가시를 뽑는 동안 움직이면 눈과 고막에 위험할 수 있고 통증이 심할 수 있으므로 진정제를 투여하는 것이 좋습니다. 그래서 진정제를 권하는 겁니다. 제가 분명히 말했나요?

2 **설명의 틀 만들기(*서명*)**:

설명의 중요성을 강조하는 것입니다.

예를 들어, 보호자가 수의사의 중요한 말에 주의를 기울이지 않는 것 같습니다. 수의사는 말을 잠시 멈추고 보호자와 눈을 마주치면서 다음과 같이 말합니다. "가르시아 부인, 제 말을 잘 들어주세요. 중요한 내용입니다.

또 다른 예: "기억해야 할 세 가지가 있습니다: 첫째 ..., 둘째 ..., 셋째 ...".

3 **시간**:

수의사와 보호자는 시간이 무제한이 아니며 매일 더 많은 보호자와 케이스를 진료해야 한다는 점을 명심하는 것이 중요합니다. 이를 고려하지 않는 수의사는 나중에 진료를 받기 위해 기다리는 보호자와 동료에게 많은 지장을 초래하여 일정에 과부하가 걸릴 수 있습니다.

예: "시간이 충분하다면 ...부터 시작해서 .... 으로 시작하는 것이 좋습니다. 어떻게 생각하시나요?

주의: 이는 젊고 경험이 부족한 수의사들 사이에서 매우 흔한 실수이며, 진료에 적응하는 데 부정적인 영향을 미칠 수 있습니다.

관계 구축

인간 행동에 대한 조사에서 한 지원자에게 10달러짜리 지폐를 주었는데, 이 지폐를 어떻게 나눌지 완전히 모르는 사람과 합의해야 한다는 조건이 붙었습니다. 각자 합의한 금액을 받게 되지만, 합의가 이루어지지 않으면 아무도 아무것도 받지 못하고 지폐를 반납해야 했습니다.

많은 수의 지원자를 대상으로 이 연구를 반복한 결과, 제안의 3분의 1은 거절되었고 3분의 2는 수락되었으며, 이 중 50%는 각각 5달러를 받는 것으로 나타났습니다.

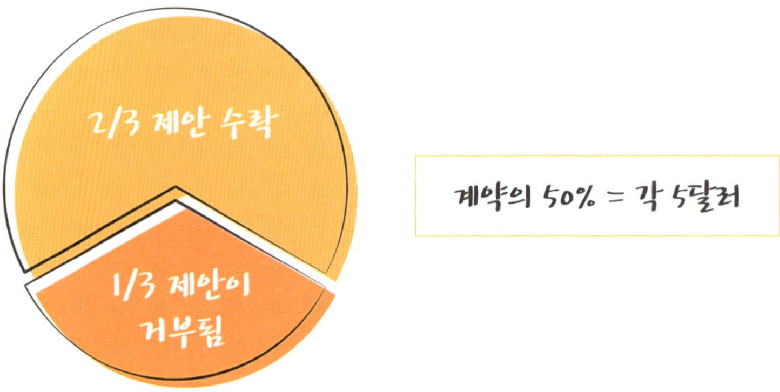

다음으로, 연구진은 지원자들 사이에 최소한의 친밀감을 형성하는 것이 협상에 영향을 미칠 수 있는지 테스트하기 위해 약간의 변화를 주었습니다. 두 명의 낯선 사람이 협상 전에 1분 미만의 비공식적이고 사소한 대화(예: 날씨, 교통, 주차 등)를 나누도록 허용하는 등 한 가지 작은 변화를 제외하고는 실험은 동일했습니다. 결과는 다음과 같습니다. 합의에 도달하지 못한 경우는 5%에 불과했습니다. 합의에 도달한 95% 중 83%는 각각 5달러로 합의하였습니다.

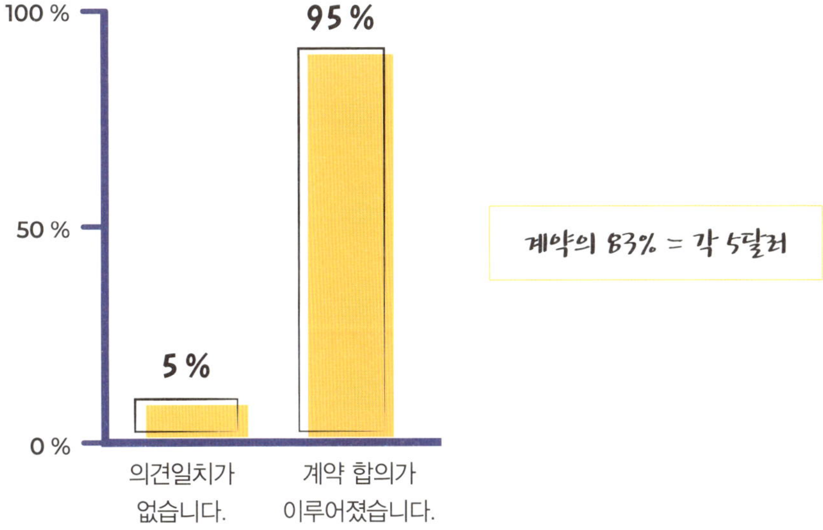

인간은 접촉에 대한 욕구가 있으며 이는 본능입니다. 이를 무시하는 척하는 것은 생물학에 역행하는 것입니다.

따라서 상담 시작부터 끝까지 좋은 관계를 구축하는 방법에 대한 몇 가지 팁을 알려드립니다.

좋은 보호자 관계를 구축하기 위한 팁

1. 비언어적 언어에 주의를 기울이세요.

- 이때 미소를 지으며 눈을 마주치세요.
- 목소리 리듬 조절하기: 가장 흔한 실수는 너무 빨리 말하는 것입니다.
- 급할 때 목소리 톤을 주의하세요: 일부 수의사는 보호자의 반대를 다룰 때 무의식적으로 목소리를 지나치게 높이거나, 보호자의 반대가 있다고 느낄 때 너무 부드럽게 말하는 경우가 있습니다.
- 팔짱을 끼거나 벽에 기대는 등의 자세를 취하지 마세요.
- 컴퓨터에서 메모를 하거나 글을 쓰는 경우, 몇 초마다 보호자와 눈을 마주치고 가능하면 작성 중인 내용을 큰 소리로 공유하세요.

2. 조율 능력 개발

- 보호자 관점의 정당성을 고려하세요.
- 보호자의 우려에 민감하게 반응하세요.
- 공감에 대한 언급을 하세요

3. 클라이언트 참여

- 당신이 생각하고 있는 것을 그와 공유하세요. 예: "나는 그렇게 생각하고 있는데...".
- 하고 있는 일과 그 이유를 설명하세요. 예를 들어 "몇 가지 질문을 한 다음 더 중요해 보이는 부분에 대해 좀 더 자세히 설명하고 싶습니다. 그런 다음 레이카의 신체 검사를 하고 싶습니다. 어떻게 생각하시나요?
- 신체검사를 하는 동안 그 과정을 설명하세요.

설명 및 계획

수의사들이 이 분야에서 개선할 여지가 많다는 것을 보여주는 몇 가지 흥미로운 데이터를 살펴볼 것입니다. 네 가지 관점에서 분석해 보겠습니다.

정보의 양

분리불안이 있는 52마리의 개를 대상으로 연구를 수행한 타케우치(2000)에 따르면, 주인이 5회 이상 유도훈련을 받은 개는 개선 효과가 적었다고 합니다.

가장 좋은 성적을 거둔 개는 주인이 "벌을 주지 않는다"는 간단한 지시를 내린 개였습니다.

그러나 우리 수의사들은 종종 보호자의 눈에 더 전문적으로 보일 것이라는 생각에 너무 많은 정보로 보호자를 압도하는 경우가 있습니다.

정보 유형

Coe (2007)는 비용에 대한 논의를 보조 직원에게 위임하면 옵션과 예후에 대한 논의를 방해하여 보호자가 지출한 비용이 반려동물의 건강 개선에 어떻게 기여하는지 이해하기 어렵게 만든다고 제안합니다.

현실적으로 수의사들은 보호자와 돈에 대해 이야기하는 것을 불편해할 뿐만 아니라, 이야기할 때 잘못된 방식으로 이야기하는 경우가 많습니다. 신디 아담스와 제이슨 코는 20명의 수의사를 대상으로 200건의 보호자와 수의사 간의 상호작용을 기록하여 연구를 진행했습니다. 상담의 29%만 보호자에게 비용에 대해 논의했습니다. 그리고 비용을 논의하더라도 반려동물의 향후 건강 및 복지 측면에서 설명한 경우는 17%에 불과했습니다. 66%의 사례에서 수의사는 작업 시간, 사용된 재료 비용 또는 사용된 기술 측면에서 비용을 설명했습니다. 후자는 보호자가 수의사에 대해 보다 시장 중심적으로 이해하도록 이끌었습니다.

우리가 사용하는 언어

볼크(2011)에 따르면 설문조사에 참여한 보호자의 43%는 "수의사가 내가 이해하는 언어를 사용한다"는 문장에 완전히 동의하지 않았습니다.

보호자가 불편하거나 무지하거나 부적절하다고 느끼지 않도록 하세요. 수의사가 자신의 지식에 맞게 메시지를 공유하고 맞춤화하는 데 진정성 있는 관심을 보일 때 보호자는 고마워합니다.

예를 들어, "개와 고양이의 갑상선 기능저하증과 이를 진단하는 데 필요한 검사에 대한 정보가 많이 있습니다. 어떤 보호자는 가능한 한 많은 정보를 선호하고 어떤 보호자는 가능한 한 적은 정보를 선호하는데, 얼마나 많은 정보를 받고 싶으세요?" 또는 "요폐색에 대해 설명해야 할 내용이 많습니다. 요폐색에 대해 얼마나 알고 계신지, 이전에 요폐색을 겪은 경험이 있는지 모르겠어요.

메시지의 명확성

칸즈(2012)에 따르면 치과 또는 외과 시술에 대한 권장 사항을 따르는 보호자는 30%에 불과했습니다(83회 방문 중 25회). 그러나 권장 사항이 명확하고 간결했을 때는 준수율이 7배나 높았습니다.

보호자에게 사용 가능한 모든 옵션을 알려주는 것이 좋습니다. 수의사는 권장 사항을 제시하고 반려동물에게 의견을 제시하도록 권유할 수 있어야 합니다. 그러나 특정 시점에서 수의사가 반려동물에게 가장 이익이 된다고 생각하는 것을 추천하는 것은 수의사의 몫입니다.

상담 종료

먼저 이 단계에서 자주 발생하는 몇 가지 문제를 살펴보겠습니다:

- "이왕 하는 김에..."라는 말은 시작이 좋지 않았고 방문의 이전 단계에서 방문 의제를 협상하지 못한 결과일 뿐입니다.
- 수의사가 보호자의 동기를 충분히 탐색하지 않았을 때 해결되지 않은 문제가 진료 종료 시 나타날 확률은 4배로 증가했습니다. 이는 보호자의 가장 중요한 우려 사항을 해결하지 못하는 유명한 '뒤통수치기'입니다.
- 이웃(1987)에 따르면 우리는 무엇이 잘못될 수 있는지, 그리고 잘못되었을 때 우리가 할 수 있는 일을 설명하는 것을 두려워해서는 안됩니다. 나중에 이 안전망 또는 안전 쿠션을 사용하는 방법을 살펴보겠습니다.
- 로즈(2004)에 따르면 보호자의 16%만이 질문이 있는지 물었다고 합니다.

이 단계를 효과적으로 처리하기 위한 몇 가지 핵심 팁을 알려드립니다:

- **다음 단계와 각 사람의 역할에 대해 합의합니다**. 예: "통증을 진정시킬 수 있는 안약을 눈에 넣을 거예요. 집에 도착하면 빛이 거의 없는 방에 있는지 확인하고 6시간마다 안약을 넣기 시작하세요. 내일 09:00에 전화해서 어떻게 지내는지 확인하고 다음 단계를 결정하겠습니다."
- **안전망 또는 안전쿠션을 계획합니다. 즉 위 안과 환자에서 콘택트렌즈 사용을 고려하여 기존 치료가 뜻대로 되지 않을 경우를 대비합니다.** 예: "코에서 뾰족한 이물을 제거했습니다. 재채기가 24시간 이상 지속되는 경우 트위터에 전화하여 수의사와 상담하는 것이 좋습니다. 때로는 가시를 제거한 후에도 더 이상 가시가 없다고 확신하기 어려운 경우가 있습니다. 가능성은 매우 낮지만 계속 주시하는 것이 매우 중요합니다.
- **협의 및 합의에서 논의된 내용을 최종 요약합니다**. 예: "요약하자면, 조니는 5일 전에 강에서 수영을 하고 있었습니다. 그 이후로 그는 고개를 흔들며 불평하고 있습니다. 이물질의 존재를 배제했지만 알레르기를 배제할 수는 없습니다. 최근 그의 식단에 변화가 없었기 때문에 우리는 이 점안액으로 치료를 시작하기로 동의했습니다. 이미 병원에 맡겼고 일주일 후에 치료를 반복해야 할 것입니다. 문지르지 않고 비누와 물로 삼출물을 닦고 흡수성 종이로 말리도록 주의하면 됩니다. 여전히 머리를 흔들고 통증의 징후를 보이지 않는 한 3일 후에 다시 검진을 위해 만나 뵙겠습니다. 이 경우 더 일찍 예약하십시오.

상담 시 보호자의 의심과 이의를 처리하는 방법

안타깝게도 모든 일에도 불구하고 예기치 못한 사건, 의도치 않은 실패, 피할 수 있고 피할 수 없는 실수는 항상 존재합니다. 사람은 무결점이 아니며 우리는 이를 받아들여야 합니다. 하지만 그렇다고 해서 포기해야 한다는 뜻은 아닙니다. 다음 섹션에서는 보호자의 신뢰를 회복하기 위해 추천에 대한 보호자의 이의를 활용하는 방법과 불만을 처리하는 방법에 대해 살펴봅니다.

우리는 수백만 년 전에 생존했던 인류의 뇌를 물려받았습니다. 이 뇌는 편도체와 변연계로 구성된 보다 원시적인 부분으로 구성되어 있습니다. 두 부분 모두 우리의 생존을 위태롭게 할 수 있는 경고 신호를 찾는 진정한 스캐너입니다. 마찬가지로 뇌에는 대뇌피질 또는 신피질이라는 또 다른 이성적인 부분이 있습니다.

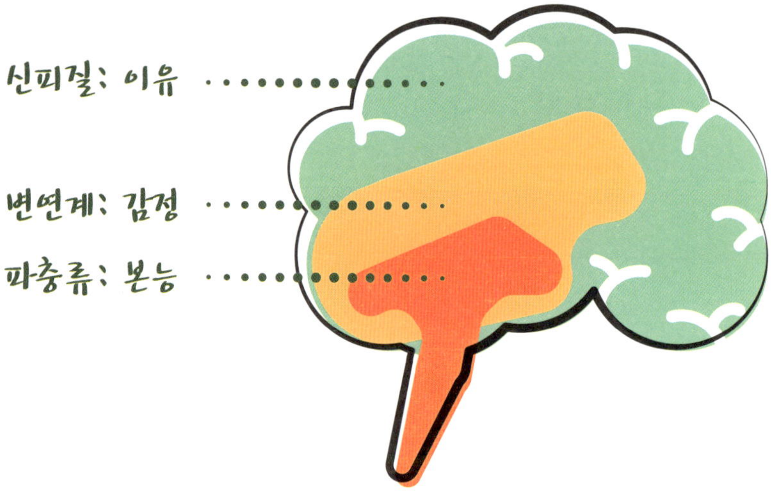

예상보다 큰 목소리, 나쁜 반응 또는 자신의 생각과 반대되는 의견은 원시 뇌에 불을 붙이고 위험하다고 생각하는 것에 맞서 싸우기 위해 방어적인 태도를 취하게 만들 수 있습니다. 그리고 놀랍게도 우리의 행동과 의사 결정은 신피질보다 원시 뇌의 영향을 훨씬 더 많이 받습니다.

편도체가 보호자의 불만과 이의 제기를 생명에 대한 위협으로 받아들이기 때문에 보호자의 불만과 이의 제기에 대해 방어적인 태도를 보이는 것입니다.

진료를 받고 인내심을 갖고 침착하게 환자를 위한 최선의 옵션을 설명하기 위해 시간을 보냈다고 상상해 보세요. 도면을 만들고, 사진을 보여주고, 관련 데이터를 제공했습니다. 모든 것이 괜찮아 보이지만 갑자기 보호자가 너무 비싸다, 생각해 봐야 한다, 다른 옵션을 보고 싶다, 인터넷에서 다른 옵션을 찾았다고 말합니다.

그러면 편도체가 활성화되어 방어적이 되고 보호자와의 대화가 긴장되고 불편해집니다.

상담 시 보호자의 의심과 이의 제기를 처리하는 주요 단계

이의 제기를 효과적으로 처리하기 위해 명심해야 할 세 가지 핵심 아이디어가 있습니다:

1. 이의 제기는 불만이 아니라 추가 정보를 요청하는 것일 뿐입니다. 따라서 신뢰와 믿음을 쌓을 수 있는 기회이기도 합니다. 그리고 우리의 생각을 강요하기 위해 싸우기보다는 합의에 도달하기 위해 노력합니다.

2. 모든 이의 제기가 사실인 것은 아닙니다. 때때로 보호자는 이미 우리를 선택하지 않기로 결심하고(우리를 신뢰하지 않거나, 우리의 주장에 관심이 없거나, 우리를 좋아하지 않기 때문 등) 이러한 불편한 상황을 피하기 위해 우리에게 직접 말하지 않는 것을 선호합니다.
3. 가장 일반적인 이의 제기를 처리하는 3단계 방법이 있습니다. 다음은 아래에 설명되어 있습니다.

1단계: 이의 제기 수용하기

방어적인 태도를 취하지 않고 보호자와의 정서적 유대감을 유지하며 보호자의 의견 표명에 감사하는 것이 중요합니다. 보호자의 의견을 정당화하고 보호자의 관점을 존중 하는 것이 중요합니다.

다음은 이의제기에 응답하는 방법의 세 가지 예입니다.

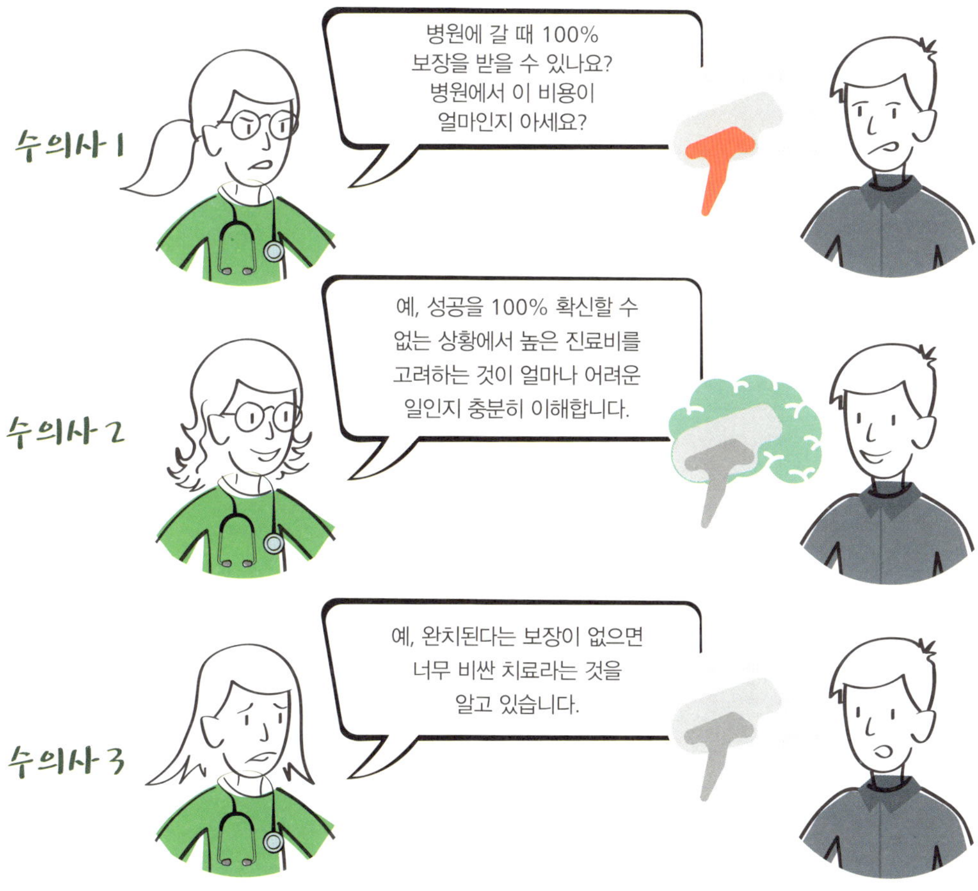

동물병원에서 흔히 들을 수 있는 답변이지만, 정말 좋은 답변은 단 하나뿐입니다.

수의사 1은 아마도 화가 났을 것이고, 자신의 편도체뿐만 아니라 보호자의 편도체도 활성화되어 '싸움' 모드로 전환되었을 것입니다.

수의사 3은 갈등을 피하기 위해 자신이 추천한 것을 포기하고 물러났습니다.

수의사 2가 이의 제기를 극복할 확률이 훨씬 높습니다.

원활한 커뮤니케이션을 유지할 가능성이 가장 높은 사람은 누구인가요?

보호자의 의견을 검증하고, 필요한 경우 당사에 대한 부정적인 판단을 내리지 않고 의견을 완화할 수 있는 방식으로 반복해서 설명하는 것이 중요합니다.

2단계: 주장에 대한 근거 제시

종종 보호자는 시간, 돈 또는 자원을 투자할 가치가 있는지에 대해 의구심을 갖습니다. 비결은 설득력 있는 객관적인 이유를 제시하고 반려동물에 대한 사랑, 가족에 대한 사랑, 마음의 평화 등 공통의 관심사가 있다는 것을 기억하는 것입니다.

예: 보호자가 "너무 비싸다", "필요성을 못 느낀다" 또는 "나이에 비해 가치가 없다"고 말합니다.

해결책: 투자를 정당화할 만큼 문제가 심각하다는 생각을 강화하는 이유를 제시하고, 아무것도 하지 않을 경우의 부정적인 영향을 강조합니다. 그리고 공동의 이익을 강화하세요.

사례 연구: 치석제거술을 거부하는 보호자

보호자의 반대 의견: "레이카 입냄새 때문에 참지 못하겠어요. 돈이 많이 들어도 치료해주고 싶지만 마취하다 못 깰까 봐 너무 걱정이에요."

문제가 매우 심각한 이유:

- 치석은 저절로 사라지지 않으며 입안에 감염을 일으킬 수 있습니다.
- 구취는 레이카에게 심장 및 신장 질환으로 이어질 수 있습니다
- 매일 더 심해질 것입니다.
- 구취는 레이카가 평생 동안 매일 견뎌야 하는 불편함입니다.
- 구취는 보호자에게도 골칫거리입니다.
- 무언가를 해야 하는 것은 시간 문제인데, 앞으로 더 많은 문제를 야기할 수 있다면 왜 기다릴까요?

공통 관심사:

- 레이카는 가족 중 한 명이며, 우리를 신뢰하고 우리의 결정을 믿습니다.
- 아이들에게 필요한 것을 제공하는 것은 우리 아이들에게 모범이 됩니다.

어떻게 대응해야 할까요?

"치석제거술은 큰 비용이 든다는 것을 잘 알고 있습니다. 그리고 인의에서 치석제거술을 하는 것과 비교하면 훨씬 더 중요하다는 데 동의합니다. 하지만 실제로는 프로세스를 완전히 다르게 만드는 몇 가지 뉘앙스가 있습니다. 레이카는 항상 저에게 말했듯이 가족의 일원이기 때문에 항상 저에게 최선을 다해 돌보라고 말했어요. 우리가 레이카의 입에 대해 아무것도 하지 않으면 레이카는 나아지지 않을 뿐만 아니라 더 나빠질 것입니다. 레이카는 나빠질 것이고 당신도 나빠질 것입니다".

"문제는 마취 상태에서 치석을 제거해야 환자가 움직이지 않고 불편하지 않다는 것입니다. 그러려면 전신 마취가 필요합니다. 때때로 질문을 받는 진정제로는 삽관을 할 수없고 액체를 흡인하고서 오연성 폐렴에 걸릴 위험이 높기 때문에 효과가 없습니다. 마취로 불필요한 위험을 감수하지 않으려면 먼저 혈액 검사, 심장과 폐의 엑스레이, 심전도 검사를 해야 합니다. 그렇기 때문에 필요한 검사를 많이 해야 합니다.

3단계: 증명하기

때때로 보호자는 이전 단계에서 제공된 정보가 사실이라고 믿지만, 이의 제기는 추천이 실제로 효과적인지 여부에 더 초점을 맞추고 있습니다.

해결책은 다음 조치 중 하나를 취하는 것입니다:

- 추천의 적절성을 입증하는 정보를 제공합니다.
- 관련 데이터를 제시합니다. 예를 들어, 치석제거술을 위해 마취 전에 심전도 및 검사를 받은 환자의 95%가 마취 후 완벽하게 회복됩니다.
- 유사한 사례의 수술 전후 동영상을 보여줍니다.
- 다른 보호자의 후기를 공유하세요. 예를 들어, 보호자가 자신도 망설였지만 수의사의 말을 듣고 나서 지금은 매우 기쁘다고 말하는 경우입니다.
- 비슷한 맥락의 이야기지만 3인칭 시점의 이야기입니다.

추천의 적절성을 입증하는 정보를 제공합니다.

수의사의 추천을 강화하는 보호자용 동영상

수의사는 만족한 보호자에게 자신의 경험에 대한 동영상 후기를 녹화하도록 요청하여 반려동물의 구강 청결을 결정하기 전에 같은 의구심을 가졌던 다른 사람들에게 도움을 줄 수 있습니다.

예를 들어, 수의사가 보호자에게 다음과 같은 말을 하는 동영상을 보여 줍니다:

"몇 주 동안은 아이에게 무슨 일이 생길까 봐 걱정이 되었지만, 우리가 할 수 있는 최선의 결정이었어요. 그는 아프고 입냄새가 심해서 음식을 조심스럽게 먹곤 했어요. 이제 아이는 몇 년은 젊어진 것 같습니다. 아이는 놀랍도록 잘 먹고 구취도 사라졌습니다. 가족 모두 이 결정에 만족하고 있습니다."

따라서 결론적으로 세 가지 핵심 아이디어가 있습니다:

1. 감정적 연결 유지: "예, 당신이 생각하는 것을 이해합니다...".
2. 트위터의 권고에 귀 기울이는 것의 중요성을 정당화하고 트위터가 공동의 이해관계를 가지고 있다는 생각을 강화하는 논거를 제시하세요.
3. 추천의 적절성을 입증하세요.

보호자 불만 처리 및 보호자 신뢰 회복

아무리 일을 잘해도 조만간 업무 중 누군가가 실수를 저질러 보호자에게 불이익을 주는 것은 시간 문제일 뿐입니다. 그리고 우리 대부분에게 화난 보호자를 상대하는 문제는 단순히 돈의 문제가 아닙니다. 보호자의 신뢰에 합당한 사람이 되는 것이 훨씬 더 중요합니다. 또한 이것이 우리의 자존심과 어떤 관련이 있는지 잊지 말아야 합니다.

성공적인 커리어를 쌓으려면 보호자의 신뢰가 손상되었을 때 이를 회복할 수 있는 기술을 배워야 합니다.

보호자가 불만을 제기하는 이유는 무엇인가요?

보호자는 당사의 과학 기술 작업에 대해 객관적으로 의문을 제기할 수 있을 만큼 충분한 과학적 배경 지식을 갖추고 있는 경우가 드뭅니다. 실제로 대부분의 불만은 이러한 상황에서 발생합니다:

- 보호자를 무례하게 대하는 행위.
- 우려 사항에 대한 신속한 응답을 제공하지 못한 경우.
- 신뢰 상실: 약속을 이행하지 않는 경우.
- 이해하기 쉬운 방식으로 설명하지 않은 경우.
- 보호자의 우려 사항에 대해 진정성 있는 관심을 보이지 않는 경우.
- 사용 가능한 모든 옵션을 설명하지 않은 경우.
- 주의를 기울이지 않은 경우.
- 유용한 서비스를 제공하지 못한 경우.

불만 사항을 적시에 적절하게 처리하지 못하면 심각한 결과를 초래할 수 있다는 점을 명심하시기 바랍니다:

- 직장에서의 집중력 저하, 마음의 평화 감소.
- 집중력 저하로 인한 새로운 실패.
- 보호자 손실.
- 화난 보호자의 말을 듣는 보호자 손실.
- 폭주하는 보호자로 인한 매출 손실.
- 이탈 보호자로 인한 매출 손실.
- 나쁜 평판으로 인해 더 이상 동물병원을 찾지 않는 신규 보호자로부터의 수익 손실.

8단계로 불만 사항을 처리하는 방법

1단계: 준비하기

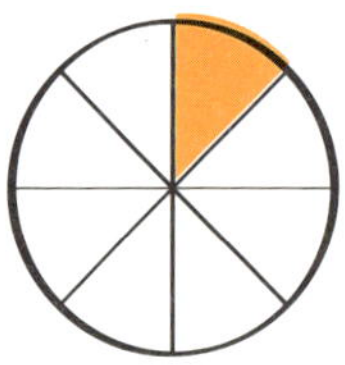

불만을 제기한 이유와 보호자는 누구인지 파악하세요. 불만 사항이 아무리 이상하거나 성가신 것이라도 잠시 시간을 내어 진정하고 무엇보다도 보호자를 이해하는 데 집중하세요. 무엇이 문제인지, 무엇이 보호자를 괴롭히는지, 보호자가 이에 대해 어떻게 느끼는지, 무엇이 필요한지 이해하려고 노력하세요. 그리고 상황을 개선하기 위해 최선을 다하세요.

진심으로 느껴야 합니다. 진심으로 관심을 보인다면 가장 좋은 출발을 한 것입니다.

2단계. 일어난 일(사실) 이해하기

보호자의 관점에서 일어난 일을 이해합니다. 이 단계의 목표는 아직 아무것도 고치는 것이 아니라 이해하는 것입니다. 핵심 도구는 경청하는 것이므로 이해한 내용을 요약하면 보호자가 "맞아요, 제 말이 바로 그거예요"라고 대답할 수 있도록 하는 것입니다.

예를 들어:

수의사: "제가 제대로 이해했다면 아침 내내 걱정하며 저희의 전화를 기다리셨을 겁니다. 수술이 끝나면 바로 연락을 드리겠다고 말씀드렸는데, 전화를 받지 못하자 무슨 일이 생긴 줄 알았어요. 그리고 아무 일도 없었다는 사실을 알게 되자 안도감에 존중받지 못했다는 분노가 더해졌죠. 맞나요?"

보호자: "바로 그거예요, 제가 그렇게 느꼈어요!

3단계: 보호자가 이번 일에 대해 어떻게 느끼는지 이해하려고 노력합니다.

분노나 불만은 사실이 아니라 감정입니다. 보호자에게 발생한 일에 대해 보호자가 어떻게 느끼는지 이해하고 있음을 보여주세요.

4단계. 보호자에게 “알았다”고 알립니다.

이것이 전환점입니다. 상대방이 무슨 일이 일어났는지 이해했을 뿐만 아니라 그에 대해 어떻게 느끼는지 알 수 있다면 같은 문제를 해결하기 위해 서로 존중하고 관심을 갖고 있다는 것을 보여줄 수 있습니다. 이 단계에서 핵심적인 행동은 사실과 감정에 대해 앞서 들은 내용을 자신의 말로 요약하는 것입니다. 그리고 제대로 요약했는지 확인하세요. “정확하게” 정리했다면, 다음과 같이 작성된 것입니다.

5단계: 사실에 대한 질문

보호자의 감정에 의문을 제기해서는 안 되지만, 보호자의 사건 설명이 정확하지 않다고 생각되면 자신의 입장을 말할 수 있도록 허락을 구하세요.

주의하세요! 의견 차이가 매우 관련성이 높고 중요한 경우에만 이 단계를 수행하세요. 매우 화가 난 보호자에게 질문하면 완전히 불필요한 갈등이 확대될 수 있습니다.

6단계: 충돌 유형화 시도

갈등은 네 가지 범주의 문제로 나뉩니다:

- **숙제**: 뭔가 잘못되었습니다. 예를 들어, 귀에 가시가 있다는 사실을 깨닫지 못한 채 며칠 동안 귀 감염을 치료한 경우입니다.
- **프로세스**: 단계가 잘못 수행되었습니다. 예를 들어, 수의사가 입원 비용을 미리 알려주지 않아 며칠 후 반려동물을 데리러 갔을 때 보호자가 불쾌하게 놀랐습니다.
- **행동**: 데스크 직원이 참을성이 없고 불친절합니다.
- **개인적인 이유**: 객관적인 이유가 없으며 단순히 우리를 좋아하지 않습니다.

앞의 세 가지 문제만 개선의 기회로 삼을 수 있고, 마지막 문제는 거의 해결할 수 없습니다.

7단계: 불만에 대한 감정 관리하기

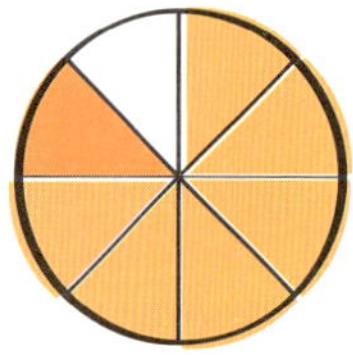

공감을 표시하고 사과하며 어떻게 해결할 수 있는지 물어보세요.

예시:

- 공감 표시: "이번 일에 대해 어떻게 느꼈을지 이해합니다."
- 사과하기: "이런 일이 생겨서 죄송합니다".
- 해결 방법에 대한 아이디어를 요청하세요: "이 문제를 해결하려면 어떻게 해야 하나요?

8단계: 수정

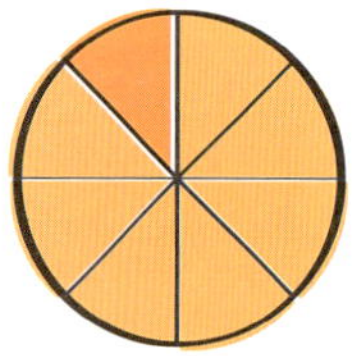

이것은 전문가로서 오랫동안 준비해 온 단계입니다. 무언가를 하고, 고치고, 빠를수록 좋습니다. 가능하면 중장기적으로 후속 조치가 필요할 경우를 대비하여 합의에 도달한 내용을 서면으로 기록해 두세요.

정기적으로 후속 조치를 취하여 약속한 모든 사항이 이행되고 있는지 확인하세요.

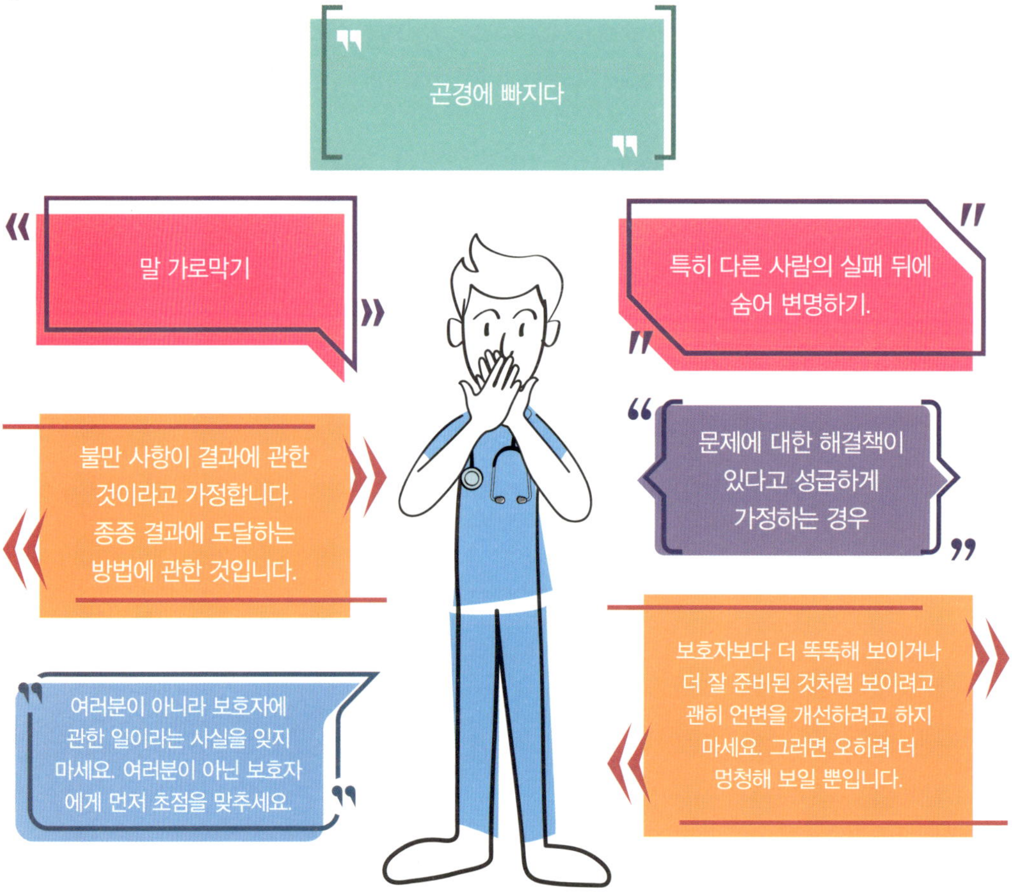

결론

안타깝게도 위의 단계가 보호자의 신뢰를 100% 회복할 수 있다고 보장할 수는 없지만, 단계별로 하나씩 따라가다 보면 업무상 불가피하게 발생할 수 있는 불만을 만족스럽게 해결할 수 있는 좋은 방법입니다.

항상 작동한다는 보장은 없지만, 100% 작동하지 않는다고 보장할 수 없으므로 절대 일어나서는 안 되는 몇 가지 상황을 기억해 두는 것이 좋습니다:

요약

지금까지 살펴본 바와 같이 보호자와 효과적으로 소통하는 방법을 배우는 것은 커리어 성공의 열쇠 중 하나입니다.

의사소통은 임상 기술이며, 따라서 훈련하고 개발해야 한다는 점을 잊지 마세요. 이를 위해 캘거리 캠브리지 가이드에는 수의사 상담의 7가지 핵심 부분(방문 시작, 친밀감 형성, 구조 제공, 정보 수집, 신체 검사, 설명 및 계획, 방문 종료)과 이를 성공적으로 수행하기 위해 각 부분에 필요한 기술을 설명하는 캘거리 캠브리지 가이드가 마련되어 있습니다.

하지만 아무리 교육을 잘 받았다고 해도 어색한 질문이나 다소 부당한 불만 사항 등 원치 않는 놀라움은 항상 존재합니다.

추천을 망설이던 보호자의 신뢰를 얻고 실수 후 신뢰를 회복하는 것은 커리어에서 두 가지 성공 요인이 될 뿐만 아니라 마음의 평화를 가져다주고 직장에서 더 행복해질 수 있습니다.

추천 참고 문헌

1. Adams C, Blättner A, Díaz MA, López I. *El Factor C, La Habilidad de Comunicación en Veterinaria.* https://vetfocus.royalcanin.com/, mayo 2020.
2. Adams CL, Kurtz S. *Skills for Communication in Veterinary Medicine.* Dewpoint Publishing, 2017. Información sobre la Guía Calgary Cambridge y los estudios mencionados.
3. Blount J. *Objections: The Ultimate Guide for Mastering The Art and Science of Getting Past No.* Wiley, 2018.
4. Chou C, Cooley L. *Communication Rx: Transforming Healthcare through Relationship-Centered Communication.* Academy of Communication in Healthcare. McGraw-Hill, 2018.
5. Glen P. *8 Steps to Restoring Client Trust: a Professional's Guide to Managing Client Conflict.* Leading Geeks Press, 2012.

CHAPTER 7

동물병원에서의 높은 성과를 달성하는 팀이란?

소개

동물병원은 전문 서비스 회사로서 가장 중요한 자산이자 또한 가장 큰 비용이 들 수 있는 인사관리와 관련 문제를 가지고 있습니다. 동물병원의 경제적 수익성을 보장하는 주요 성공 요인은 전문가들의 급여와 이들이 창출하는 수입 간의 균형 잡힌 구조를 갖추는 것이므로 이 장에서는 노동 생산성의 개념과 이를 향상시키거나 방해할 수 있는 요인에 대해 특별히 살펴볼 것입니다.

또한 인센티브 문제에 대해서도 구체적으로 분석할 예정입니다.

인센티브

- 효율적으로 작동하나요?
- 인센티브 체계를 만들 때 어떤 것들을 고려해야 할까요?
- 어떻게 인센티브 체계를 우리 팀의 평가 시스템과 통합시킬 수 있을까요?

마지막으로 팀 관리 관점에서 동물병원의 업무 환경에 큰 영향을 미치는 두 가지 활동, 즉 팀 내에서 *피드백*을 주고받는 방식과 내부 업무 회의가 어떻게 구성되고 진행되는지 자세히 분석할 것입니다.

수의사 리더의 성공은 그가 하는 일로 평가되는 것이 아니라 팀원들에게 어떤 일을 하도록 지시하냐에 따라 평가되기 때문입니다.

성공적인 동물병원은 팀을 통해서만 성장하고 목표를 달성할 수 있으며, 팀과 상관없이 또는 팀과 어긋나며 목표를 달성하는 일은 결코 없습니다.

이 장의 학습 목표

1. 수의사 직원의 생산성에 어떤 요인이 어떤 방식으로 영향을 미치는지 파악하여 어떤 요인이 직원에게 귀속되는지, 어떤 요인이 회사의 책임인지, 어떤 요인이 공유되는지 구분합니다.
2. 경제적 인센티브 문제에 대한 초기 고찰: 실제로 효과가 있을까요? 주요 장 · 단점은 무엇이며 좋은 디자인의 기준은 무엇인가요?
3. *피드백*을 제공하는 것이 모든 개선 프로세스의 기본이 되는 이유를 이해하고, 좋은 피드백의 세 가지 핵심 요소를 사용하여 피드백을 주고받는 방법을 배워 보세요.
4. 팀에서 원활하게 일하기 위한 회의의 중요성, 세 가지 기본 회의 유형 및 회의를 구성하고 진행하는 방법을 살펴봅니다.

OBJETIVOS

이 장의 학습 목표에 대한 Miguel Ángel Díaz의 동영상입니다.

수의학 관리 아카데미의 모듈 7.

이 장에서는 병원의 경제적 수익성을 보장하기 위한 주요 성공 요인을 살펴봅니다.

수의사의 생산성은 무엇에 달려 있나요?

생산성의 개념

4장에서는 수의사의 수입과 급여의 관계를 살펴봤는데, 더 많은 급여를 받는 방법은 회사에 더 많은 수입을 창출하는 것입니다.

이 두 수의사 중 어느 쪽이 귀사에 더 생산적일까요?

수의사 1:

- 하루 25건(예방 접종 14건, 만성 환자 검진 6건, 첫 방문 5건).
- 일반적으로 매출의 15%에 해당하는 할인을 제공합니다.
- 일일 평균 매출액: 750유로.
- 그는 월 1,800유로(회사 비용: 월 3,000유로)의 급여를 받습니다.
- 한 달에 평균 19일 근무합니다.

수의사 2:

- 일일 수술 4건(척추 수술 1건, 인대 수술 1건, 외상외과 방문 1건, CT 스캔 1건).
- 일일 평균 매출액: 2.250유로.
- 그는 월 3,000유로(회사 비용: 월 5,000유로)의 급여를 받습니다.
- 그는 한 달에 평균 19일을 근무합니다.

선험적으로, 제시된 예에서 두 번째 수의사는 첫 번째 수의사보다 생산성이 훨씬 높아서 일일 수입이 3배 더 많습니다.

그러나 각 전문가에 대한 수입/임금 비용 비율을 계산하면 이 분석을 완료할 수 있습니다.

수의사 1의 하루 수입은 750유로이며, 회사의 인건비는 (3,000/19) = 158유로입니다.

따라서 750/158 = 임금 비용의 4.74배에 해당하는 수입을 창출하고 있습니다.

수의사 2의 하루 수입은 2,250유로이며, 회사의 인건비는 (5,000/19) = 263유로/일입니다.

따라서 2,250/263 = 임금 비용의 8.55배에 해당하는 수입을 창출하고 있습니다.

임금 요소를 분석에 통합하면 두 번째 수의사가 실제로 회사에서 약 2배 더 생산적이라는 것을 알 수 있습니다(3배 더 많은 수익을 창출하지만 임금도 훨씬 높기 때문입니다).

이 예에서 생산성의 차이는 수술, 특수 방문(외상) 및 일부 정교한 진단 검사(CT)에 집중된 수의사 2 케이스의 평균 *진료비*가 더 높기 때문에 발생하는 것이 분명해 보입니다.

우리는 때때로 생산적인 사람을 '많은 일을 하는 사람'으로 파악하여 단순화하는 경향이 있기 때문에 생산성의 개념을 명확히 하는 것이 중요합니다.

하지만 비즈니스 세계에서 생산성은 활동량으로 평가되는 것이 아니라 창출된 수익으로 평가됩니다.

일반적으로 수의사가 병원에서 더 많은 수입을 창출하여 더 높은 급여를 받을 수 있는 요인은 무엇일까요? 아래에서 살펴보겠습니다.

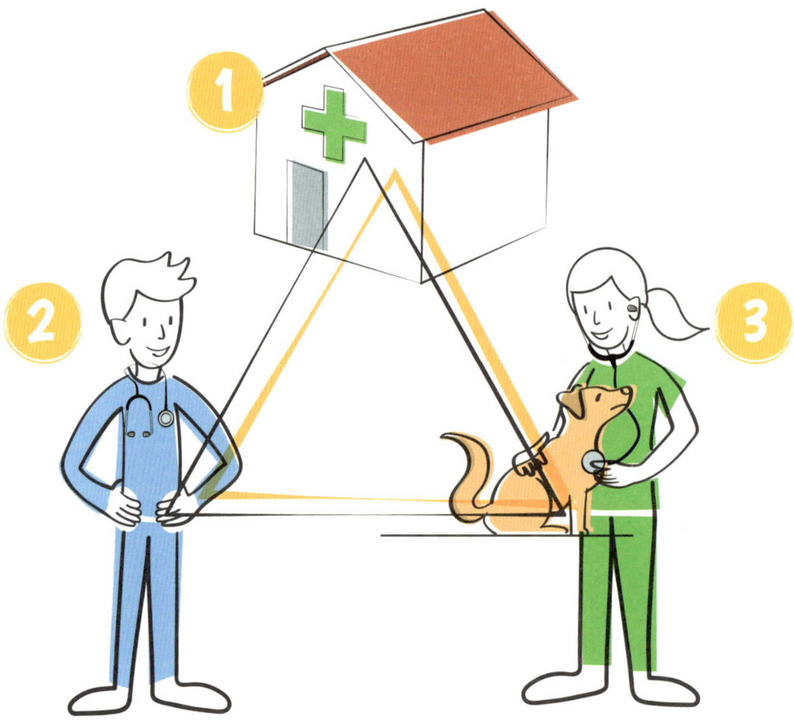

1 동물병원에 의존하는 요인

동물병원의 생산성은 병원 운영의 특정 측면에 따라 정의됩니다:

- **동물병원의 보호자 유치 능력**: 누가 보호자를 유치할 것인가? 동물병원의 평판, 시장에서의 이미지, 위치 및 접근 용이성, 인터넷 사용 여부 등이 모두 중요한 요소입니다. 세계에서 가장 생산적인 수의사라도 빈 동물병원에서는 좋은 수익을 창출할 수 없습니다.
- **동물병원에서 사용할 수 있는 기술 및 장비**: 좋은 진단 및 수술 장비의 보유 여부는 수의사의 평균 *진료비에 큰* 차이를 만들 수 있습니다.
- **동물병원의 가격 정책**: 매우 효율적이고 열심히 일하는 두 명의 수의사를 상상해 보세요. 둘 다 비슷한 특성을 가진 많은 수의 케이스를 처리하지만, 한 명은 위치, 명성 및 원장의 신념으로 인해 평균 25% 더 높은 가격을 청구할 수 있는 동물병원에서 일합니다. 우리는 이 수의사가 수입 측면에서 더 높은 생산성을 가질 것이라는 것에 동의하겠죠?

2 수의사 자체에 의존하는 요인

수의사 전문가의 생산성은 다음 사항에 따라 달라집니다:

- **수의사의 전문성**: 경험이 많은 수의사일수록 복잡한 케이스를 더 많이 보고, 각 케이스에 대해 폭넓게 접근하고, 반려동물 보호자에게 더 설득력이 있기 때문에 일반적으로 더 많은 수입을 창출합니다(일부 수의사의 처방은 더 잘 받아들여집니다).
- **훈련 수준**: 가장 높은 수준의 훈련을 받은 수의사와 전문화는 더 정교한 진단 및 치료 기술을 사용하여 더 복잡한 사례를 처리할 수 있으므로 결국 더 높은 매출을 올릴 수 있습니다.
- **커뮤니케이션 능력**: 이것은 충분히 증명되었습니다. (6장에서 살펴본 바와 같이) 훌륭한 커뮤니케이션 기술은 보호자 만족도뿐만 아니라 수의사의 권장 사항에 대한 보호자의 수용도를 높이는 데 필수적입니다. 따라서 의사소통을 잘하는 수의사가 더 많은 비용을 청구할 수 있는 수의사가 될 것입니다.

3 병원과 수의사 본인에 따라 달라지는 요인

이 그룹에는 다음이 포함됩니다:

- **동기 부여/노력 수준**: 노력 수준은 직원 개개인이 결정할 문제이지만, 동기 부여는 동전의 양면과도 같습니다.

의욕적으로 퇴근하는 것은 직원의 몫이며, 동기를 부여하고 높여주는 것은 고용주의 몫입니다.

- **근무 환경/팀워크**: 건강하고 응집력 있는 팀 환경에서는 각 직원이 자신의 역량을 발휘할 가능성이 훨씬 더 높습니다. 개개인의 생산성을 향상시킵니다.
- **할인**: 앞서 살펴본 것처럼 할인은 직원의 매출을 낮춰 생산성을 하락시킬 수 있는 요소 중에 하나입니다. 그러나 할인과의 싸움은 팀 싸움이며 직원 수의사는 다른 동료들(특히 상사)이 하는 할인 행위를 경시해서는 안 됩니다.

수의사를 위한 재정적 인센티브: 좋은 아이디어일까요, 아니면 재앙으로 가는 길일까요?

수의학계에서 가장 흔한 논쟁 중 하나는 수의사, 특히 수의사 본인에게 동기를 부여하기 위한 재정적 인센티브의 사용 여부에 관한 것입니다.

이러한 인센티브 제도의 예는 다음과 같습니다.

1. 동물병원은 동물병원에서 수의사가 수행한 의료 서비스 수입의 2%를 성과금으로 지급하기로 결정합니다. 이 성과금은 매월 정산되며 보장된 고정 급여에 추가됩니다.
2. 한 병원이 수의사 팀에게 그룹 인센티브를 제공합니다. 매 분기마다 전년 동기 대비 수의 서비스 매출 성장률의 5%에 해당하는 보너스를 모든 수의사에게 균등하게 분배합니다.
3. 동물병원은 보호자에게 판매한 각 건강 플랜에 대해 보조자에게 €20의 수수료를 지불합니다.
4. 미국에서는 일부 동물병원에서 *생산 기반 급여* 시스템을 운영하는데, 수의사의 급여는 완전히 가변적이며 매월 생산량(동물병원에서 발생한 수입)의 19~22%로 계산됩니다.
5. 한 병원에는 수의사 업무의 네 가지 측면(보호자 만족도, 병원 내부 규정 준수, 개인 목표 준수, 업무의 질)을 측정하는 성과 평가 시스템이 있습니다. 각 수의사는 평가 가중치에 따라 매 분기 고정 급여에 최대 5%의 보너스를 추가로 지급받습니다.

일반적으로 '재정적 인센티브'라는 용어는 직원 또는 직원 그룹이 특정 목표를 달성한 대가로 금전을 지급하는 것을 의미합니다. 이 관행을 설명하는 데 일반적으로 사용되는 동의어는 **커미션, 성과금, 보너스, 상금** 등입니다.

이러한 인센티브에 대한 지지자와 반대자는 각각 다음과 같은 장점 또는 여러 가지 위험을 보고 있습니다.

장점:

- 보상은 노력에 동기를 부여해야 합니다. 직원은 보상을 위해 더 열심히 일하고 결국 병원에 더 많은 수입을 창출하게 됩니다.
- 통제할 필요성이 줄어듭니다. 수의사 스스로 일하고 더 많이 청구할 인센티브가 생기므로 더 이상 수의사가 정시에 출근하는지, 하루 종일 일하는지, 부당한 할인을 적용하지 않았는지 등을 확인할 필요가 없습니다.
- 병원과 수의사 팀 간에 '비즈니스 위험'을 공유합니다. 경기가 좋으면 모두가 더 많은 급여를 받습니다. 하지만 매출이 감소하는 어려운 시기에는 팀원들도 급여를 받지 못합니다.

- 더 많이 일할수록 더 많은 수익을 얻을 수 있는 공정한 시스템입니다.
- 수의사들은 동물병원의 비즈니스 현실에 더 많이 참여하여 보호자에게 서비스를 잘 판매하고, 비용을 청구하고, 보호자를 유지하는 것 등의 중요성을 더 잘 인식하게 됩니다.

단점:

- 인센티브 자체가 더 많은 노력이나 더 나은 노력에 대한 동기를 부여하지 않습니다. 대부분의 수의사는 경제적 고려 사항보다 기술 및 직업적 문제(환자를 돕는 것)에 훨씬 더 큰 동기를 부여받기 때문입니다.
- 이는 비윤리적인 행동이나 수익을 우선시하는 행동으로 이어질 수 있습니다. 진정한 환자와 보호자의 이익보다 돈을 더 중요시합니다. 일부 수의사 직원은 이러한 인센티브의 유혹에 빠져 필수적이지 않은 검사를 제안하거나 재정적으로 어려운 보호자에게 더 기본적인(그러나 수용 가능한) 진단 또는 치료 대안을 제공하지 않는 등 직업적 가치를 저버릴 수도 있습니다.
- 이는 내부 경쟁과 좋지 않은 근무 환경으로 이어질 수 있습니다. 이러한 인센티브의 설계 방식에 따라 일부 인센티브는 수의사 간에 최고의 케이스, 최고의 보호자, 특정 시술을 수행한 수의사 등을 두고 다툼을 유발할 수 있습니다.
- 이를 작동시키는 데는 매우 심각한 현실적인 어려움이 있습니다. 모든 요소를 안정적으로 측정할 수 있는지, 두 명 이상의 수의사 또는 병원 내 두 개 이상의 부서가 관여하는 서비스는 어떻게 하는지, 입원 중 어떤 부분을 어떤 기준에 따라 누구에게 할당할지 등 모든 사항을 정확하게 측정할 수 있나요?
- **관리 노력**. 이러한 시스템에는 다음과 같은 시간과 노력이 필요합니다. 측정값을 설계하고, 계산하고, 해석하고, 팀원들에게 설명하기 위해 많은 노력을 기울여야 합니다. 최종 결과의 가상적인 개선이 이러한 노력을 보상할 수 있을지는 그리 정확하지는 않습니다.
- **이를 위해서는 동물병원 경영진에 대한 높은 신뢰와 많은 정보의 투명성을 요구합니다**. 노력에 동기를 부여하기 위해 인센티브를 원한다면 수의사는 동물병원의 컴퓨터에서 자신의 부분 결과, 특정 기간 동안 발생한 수입 금액 등을 상담할 수 있어야 합니다. 그렇지 않으면 운동 선수가 매 킬로미터를 얼마나 빨리 달리고 있는지 알지 못한 채 기록을 깨기를 기대하는 것과 같습니다!

사례 연구

아래는 이러한 분기별 평가와 연계된 인센티브 시스템을 사용하는 수의사 조아나의 분기별 평가 결과입니다.

분기별 성과 평가

- 분기: 2023년 1분기
- 직원: 조아나

평가 기준	무게	참고	직원의 분기별 개별 목표
지식과 기술의 발전 **의료-수술**	15%	10	**1.** 기본 초음파 과정을 이수하세요. **2.** 동물병원에서 25건의 초음파 스캔을 수행하는 데 보조했나요? **3.** 혼자서 초음파 스캔을 10회 실시합니다(감독하에).
동물병원의 내부 절차 준수	15%	8	**1.** 시간 엄수. **2.** 표준에 따른 복장, 회의 참석, 고객에게 전화를 드리거나, 다른 수의사들과의 전화 연결.
생산(수입 창출)	25%	8	매 분기마다 수의학 서비스에서 월 15,000유로를 창출하세요.
보호자 만족도 **(NPS 설문조사*로 측정)**	20%	5	NPS 최소 70, 바람직한 75, 우수 80 이상.
동료와의 팀워크 및 **교차 교육**	15%	8	팀 전체에 대한 교차 설문조사를 통해 측정합니다. 나머지 팀원들은 분기당 최소 한 번의 교육을 받습니다.
동물병원의 외부 홍보 **(출판물, 컨퍼런스 등)**	10%	2	분기당 1회 이상 외부 컨퍼런스 또는 논문 발표.
합계	100%	7,1	
직원의 월 총 급여(고정)	1.800유로		
동물 분기별 보너스 **(= 월 고정 금액의 10% × 3개월 × 참고)**	383,4		

*NPS: *순 프로모터 점수.*

이 성능 평가 시스템 예시에서는 몇 가지 흥미로운 기능에 대해 언급할 필요가 있습니다.

1. 직원의 업무에 대한 통합적인 관점: 소득을 창출한다는 사실뿐만 아니라 업무의 다른 중요한 측면도 중요하게 고려해야 합니다.
2. 보호자 만족도: 정확한 청구를 통한 보상이 고객만족도 평가의 요소가 되는 것은 수의사에게 동기부여가 될 수 있습니다.
3. 동료 평가: 교차 평가 기준을 포함합니다. 동료들의 팀워크는 좋은 사내 분위기를 조성하고 팀 메시지를 강화하는 데에도 좋은 요소입니다.
4. 분기별 평가빈도: 이는 월별 평가가 주는 행정적 부담과 행정적 효과 사이에서 균형을 이루는 것이 중요하고, 반기 또는 연간 평가에 종종 수반되는 과도한 이완이나 망각을 방지하는 데 효과적입니다.
5. 평가 기준: 직원이 알고 있는 관심사 및 각 기간이 시작될 때 개인 평가의 기준과 개인 목표가 팀원과의 합의에 의해 설정되었음을 이해합니다.
6. 재정적 인센티브: 이 활동의 예에서와 같이 이러한 평가를 재정적 인센티브와 연계하는 것은 선택 사항이지만 의무는 아닙니다! 평가 시스템은 금전적 보상의 유무와 관계없이 대부분의 직원에게 똑같이 유효하며 개선에 대한 동기를 부여합니다. 대부분의 사람들은 훌륭한 전문가가 되고 싶고, 잘하고 싶고, 어떻게 해야 하는지 알려주기를 원합니다.

좋은 *피드백*을 주고받는 방법

수의사의 경험

직원 3명과 함께 병원을 운영하던 저는 불과 몇 년 만에 365일 24시간 운영되는 17명의 직원이 근무하는 동물병원으로 성장했습니다.

저는 커뮤니케이션, 재무, 불만 처리, 회의 등에 대해 전혀 몰랐습니다. 의학과 수술에 대해서만 알고 있었죠. 저는 불행하고 외로웠으며 매일 많은 일을 관리해야 한다는 부담감에 압도당했습니다.

저는 그 순간을 절대 잊지 못할 것입니다. 다시 한번 밤 10시 30분이 되어 매우 늦은 시간이 되었습니다. 1살과 2살짜리 아이들이 이미 잠들어 있을 때 집에 도착한 또 다른 밤이었습니다. 아이들을 목욕시키고 저녁을 먹이고 함께 시간을 보내야 할 시간에 아내를 도와줄 수 없었던 또 다른 밤이었습니다. 또 다른 밤에는 동물병원의 많은 문제를 어깨에 짊어지고 압도적인 죄책감과 실패감을 안고 집에 돌아오곤 했습니다.

제가 병원을 떠나려고 할 때 당직 수의사인 크리스티나가 저에게 이렇게 말했던 기억이 납니다. "원장님, 기진맥진해 보이시는데 제가 도와드릴까요?"

직원이 저에게 관심을 보이거나 공감을 표시한 것은 처음이었기 때문에 저는 깜짝 놀랐습니다. 도움을 주겠다는 말에 더듬거리며 감사하다는 말 외에는 어떻게 답해야 할지 몰랐습니다.

집으로 돌아오는 길에 그 질문을 곰곰이 생각해보니 제가 도움을 주거나 요청하는 데 매우 서툴렀다는 사실을 깨달았습니다. 외로움을 느끼고 어깨에 너무 많은 짐을 짊어진 것이 모두 제 사건에 너무 바빠서 제가 이끄는 사람들의 성장을 도울 시간을 내지 못한 결과였다면 어떻게 해야 할까요?

그 순간이 제 인생의 전환점이 되었습니다. 저는 리더로서 성장하기 위해 노력하기로 결심했고 특정 행동을 바꾸는 데 몇 년이 걸렸습니다. 하지만 모든 것이 잘 진행되었습니다. 저는 그 젊은 수의사가 수년에 걸쳐 동물병원의 원장이 되었고 결국에는 병원의 소유주가 되었다고 자랑스럽게 말할 수 있습니다.

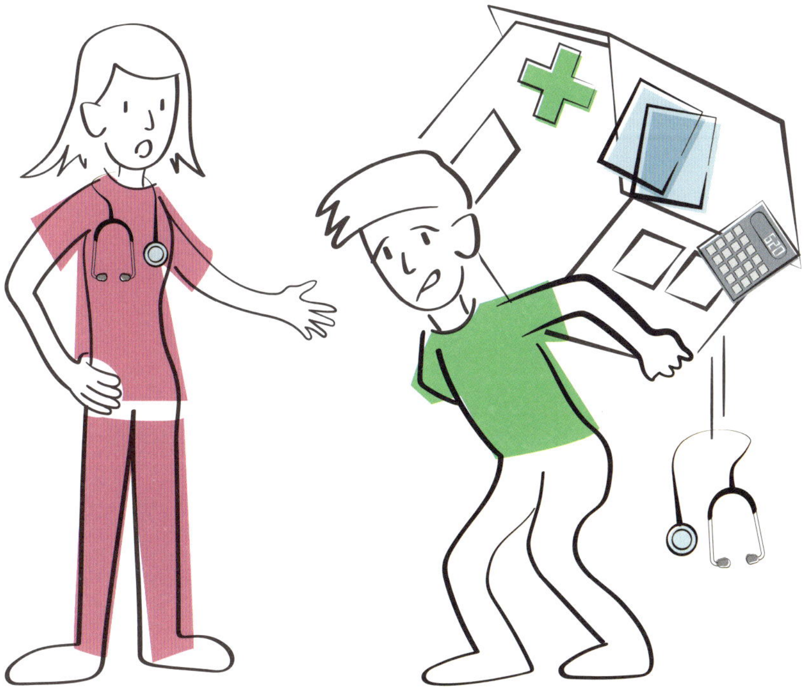

사람들의 성과를 높이는 가장 강력한 도구 중 하나는 좋은 *피드백*을 주고받는 방법을 배우는 것입니다.

피드백의 차원에 대한 Miguel Angel Diaz의 동영상입니다.

Miguel Angel Diaz가 좋은 ***피드백***을 바탕으로 제작한 동영상입니다.

누구도 지속적인 학습과 성장에서 벗어날 수 없는 건강한 업무 환경의 핵심은 빈번하고 진정성 있으며 유용한 *피드백*입니다.

서로를 위해 최선을 다하는 두 사람이 일상 업무를 되돌아보고 관찰과 조언을 나누며 배우는 공간이 되기를 원합니다.

수의학 관리 아카데미의 모듈 7.

생각할 거리

성과에 대한 피드백을 받는 것과 건설적인 대화를 나누는 것 중 본인이 직원이라면 어떤 것을 선호하시나요?

당신이 상사라면 자신이 잘하는 점과 개선할 수 있는 점을 직원들에게 직접 듣는 것을 선호하시겠습니까, 아니면 직원들 몰래 몰래 듣는 것을 선호하시겠습니까?

4사분면 이론

킴 스콧은 그녀의 저서 '***Radical Candour***'에서 좋은 *피드백*의 기본을 잘 설명합니다.

두 개의 좌표축을 상상해 보세요. 세로축에는 '애정을 담아 말하기'라는 개념을, 가로축에는 '직접적인 비판'이라는 개념을 배치합니다. 따라서 특정 유형의 사람이 아닌 행동 유형을 설명하는 네 개의 사분면이 나타납니다:

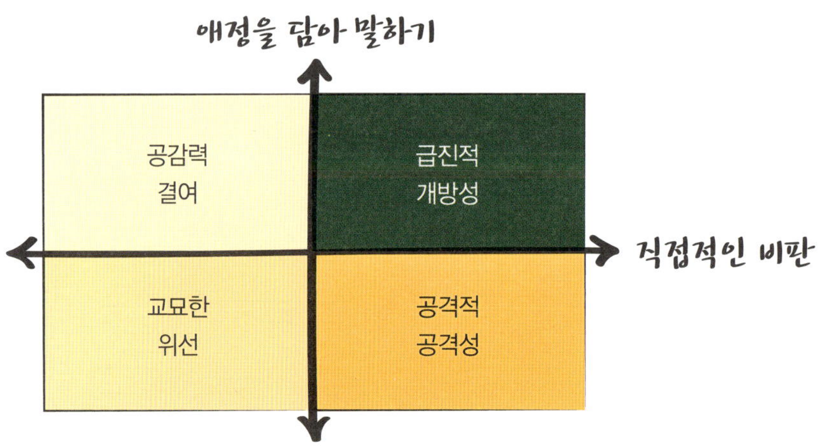

공감력 결여

왼쪽 위 사분면은 '공감력 결여' 사분면이라고도 합니다. 상대방의 감정에 진심으로 관심을 기울이기는 하지만 솔직하게 말하지 않고 상대방이 정말로 듣고 싶어 하는 말을 하지 않는 유형입니다.

예를 들어, 한 병원의 원장은 훌륭한 외과 의사이지만 성격이 까다로워 비판을 심하게 받아들이는 수의사가 있습니다. 또한 그는 종종 거만한 행동을 보이고 테크니션과 어린 동료수의사를 경멸하는 방식으로 대합니다. 그는 동물병원의 분위기를 나쁘게 만들고 있으며 아무도 그와 함께 수술실에 들어가기를 원하지 않습니다. 하지만 상사는 그와 대화할 때 화를 낼까 봐 항상 그 주제를 회피하려 합니다.

급진적 개방성

오른쪽 위 사분면은 스콧이 *급진적 솔직함*이라고 부르는 부분입니다. 공감하고, 상대방의 감정을 특별히 배려하며, 상대방이 듣고 싶어 하는 말을 가감없이 전달하는 것입니다.

예를 들어, 한 수의사가 상사에게 어떻게 하면 개선할 수 있는지 물어 봅니다. 상사는 수의사의 개선에 대한 관심과 조언을 구하는 자신감(솔직함)에 감사를 표하며, 상담을 시작할 때 항상 미소를 지으며 눈을 마주치고 공감하는 말을 포함해 더 열린 질문을 하라고 말합니다. 즉, ART 방법을 사용해야 합니다(6장 참조).

교묘한 위선

왼쪽 아래 사분면. 의사소통에 애정이 없고, 도움을 주고자 하는 진심어린 관심이 없으며, 명확하게 말하지 않고 상대방이 들어야 할 말을 하지 않습니다. 이것은 자신의 케이스에 너무 바빠서 상대방의 필요에 관심을 갖지 않는 수의사의 전형적인 사분면입니다. 주변 동료들에게도 마찬가지입니다. 또는 도움을 주어야 할 사람에게 직접 이야기하는 대신 등 뒤에서 이야기하는 것을 선호하며, 종종 도움이 될 생각은 전혀 없는 사람입니다.

예를 들어, 회의 중에는 상사의 아이디어 요청에 묵묵부답으로 일관하다가 회의가 끝난 후 상사가 떠난 뒤 친구 세 명과 소그룹으로 모여 상사를 뒤에서 비판하는 수의사가 있습니다.

공격적 공격성

오른쪽 아래 사분면은 스콧이 '공격적 공격성' 사분면이라고 부르는 영역입니다. 상대방의 감정에 애정을 보이거나 관심을 기울이는 데 관심이 없고 직설적이고 퉁명스러운 말을 합니다.

예를 들어, 후배 수의사를 감독하는 수의사가 후배 수의사에게 자신의 업무가 "형편없다"고 말하며 실패에 지쳤다고 말합니다.

Miguel Angel Diaz의 피드백 휠 동영상.
수의학 관리 아카데미의 모듈 7.

피드백의 차원

*래디컬 캔서 피드백*에는 네 가지 차원이 있습니다:

1. 수신
2. 전달
3. 교정
4. 동기부여 또는 장려

수신

피드백을 받을 때 가장 큰 어려움은 화를 내지 않고 방어적인 태도를 취하지 않는 것입니다. 일방향 소통의 문제점을 생각해 보세요.

다음은 요청된 피드백과 요청하지 않은 *피드백*을 최대한 활용하기 위한 몇 가지 실용적인 팁입니다(요청하지 않은 *피드백*은 제대로 받아들이기가 더 어렵습니다).

피드백을 잘 받는 방법에 대한 팁

1. 호기심을 가지고 들어보세요.
2. 상대방의 "정확한" 대답을 들을 때까지 들은 내용을 의역하여 제대로 이해했는지 확인합니다. 예를 들어
   - "네, 잘 이해했습니다. 상담 시간이 오래 걸리고 그로 인해 약속이 늦어지고 보호자가 화를 내고 결국 접수원에게 화를 낸다는 말씀이 맞습니까?"
   - "바로 그거예요!"
3. 듣는 모든 내용이 마음에 들지 않더라도 최소한 동의할 수 있는 것의 5~10%를 선택하고 거기서부터 구축을 시작하세요.
4. *피드백을* 환영합니다.
5. 개선을 위한 첫 걸음을 내딛겠다는 약속을 하세요.
6. 빠르게 완료하세요.
7. 상대방이 알 수 있도록 하세요.

이를 실천에 옮기는 획기적인 방법:

- 상사라면 다음과 같은 질문을 하세요: 더 잘 일할 수 있도록 도와드릴까요?
- 직원이라면 다음과 같이 질문해 보세요: 더 나은 업무 성과를 위해 무엇을 해야 할까요, 하지 말아야 할까요?

피드백 제공

누군가에게 *피드백*을 주는 목적은 도움을 주기 위해서입니다.

피드백 제공에는 두 가지 요소가 있습니다:

- ***피드백* 강화**: 업무, 행동 또는 결과를 칭찬하기 위해 피드백을 제공합니다.
- **시정 *피드백***: 업무, 행동 또는 결과를 비판하기 위해 제공합니다.

약어 HHIPP는 피드백을 제공하는 방법을 기억하는 데 도움이 됩니다.

- **겸손을 뜻하는** H: 여러분이 공유하고 있는 것은 바로 여러분의 현실이나 절대적인 진실이 아닌 관점과 의견입니다(마르쿠스 아우렐 리우스).
- **도움(H)**: 수신자에게 도움이 되다.
- **즉시(I)**: 많을수록 더 좋은 결과를 얻을 수 있습니다.
- **비공개(P)**: 특히 수정해야 하는 경우.
- **신문(P)**: 매일 5분 미만의 빈번한 대화와 15~20분의 긴 대화를 결합하여 더 많은 주제를 다룰 수 있습니다.

더 큰 영향력을 발휘하는 비결은 *피드백을* 구체적으로 작성하고 의심이나 토론의 여지를 거의 남기지 않는 것입니다. 이를 위해 창조적 리더십 동물병원에서 라울 J. 부론과 맥도날드-만은 여러분이 배우고 실천에 옮길 수 있는 방법을 개발했습니다. 이 방법을 SBI라고 합니다:

- **S**: 상황.
- **B**: *행동*.
- **I**: 시사점.

SBI 방법 사용의 예: "지난 회의에서 계속 휴대폰만 들여다보고 거의 참여하지 않았으며, 비꼬는 댓글로 제 말을 끊어 웃음을 자아내는 데만 집중하는 것을 발견했습니다. 저뿐만 아니라 팀원 전체에게 무례하게 느껴졌어요. 왜냐하면 당신이 우리가 이야기하던 문제를 해결할 아이디어를 전혀 내놓지 않았기 때문이죠.

특히 관리자의 경우 한 가지 명심하세요. 직장에서 사람들은 잘못한 일보다 잘한 일을 더 많이 하는 경향이 있습니다. 직원들이 잘하는 일에 주의를 기울이고 시정 피드백보다는 강화 *피드백*을 더 많이 제공하세요. 그리고 잊지 마세요:

- *피드백*을 오래 기다릴수록 결과는 더 나빠집니다.
- *피드백*은 구체적일수록 좋습니다.

보정(측정)

보정한다는 것은 우리 자신이나 상대방이 *피드백*을 받는 방식을 고려하는 것을 의미합니다. 예를 들어

- 방어적이 되거나 심지어 화를 내고 있나요?
- 제가 하고 싶은 말이 이해되시나요?
- 울기 시작했나요?

커뮤니케이션의 80%는 비언어적이기 때문에 얼굴을 맞대고 *피드백을 주고받는* 것이 매우 중요합니다.
상대방이 우리에게 말을 걸 때 우리가 투사하는 에너지의 수준을 측정하는 것은 필수적입니다.

일상 생활에서 마주칠 수 있는 세 가지 상황과 이에 대처하는 방법을 살펴보세요:

1. *피드백*을 주고 있는데 상대방이 '메시지를 이해하지 못하거나' '이해하고 싶지 않은 것 같다'는 반응을 보입니다.

   팁: 화를 내지 않고 눈을 마주치지 않은 채 "집중해 주세요. 좀 더 직접적으로 말해야 할 것 같아요. 내가 말하고 싶은 것은 ...".

2. *피드백*을 주고 있는데 상대방이 울기 시작합니다.

   팁: 솔직함을 확인하고 말할 때 조심하세요. 아이를 진정시키고 몇 분간 회복할 시간을 주세요. 그런 다음 "무슨 생각하세요?"라고 물어보세요. 어쨌든 하고 싶었던 말을 놓치지 말고 명확하게 말하세요.

3. *피드백*을 주면 상대방이 화를 냅니다.

팁: 구체적으로 SBI 방법을 사용했는지 확인하세요. 침착하게 호기심을 가지고 "왜 화가 났는지 물어봐도 될까요?"라고 질문하세요. 화를 내지 말고 자신의 의견을 표현하세요.

팀원들과 정기적으로 회의를 시작했다는 한 수의사에게 "팀원들은 당신과 이야기를 나누고 나면 의욕이 넘치거나 슬프거나 걱정하거나 의욕이 없어지나요?"라고 물었던 기억이 납니다.

그는 한 번도 생각해 본 적이 없었는데, 막상 생각해 보니 평소에는 질책을 받으니 의욕이 떨어진 것 같다고 대답했습니다.

상대방에게 해야 할 말이 상대방에게 힘들 수 있더라도, 상대방이 자신의 이익을 위해 하는 말이라는 것을 의심하지 않도록 하세요.

홍보 또는 장려

동물병원 문화의 중요성에 대해 이야기했던 것을 기억하시나요? 팀에게 *피드백*을 주고받는 방법을 가르치는 것만큼 지속적인 학습 문화를 조성하는 데 기여하는 것도 드뭅니다.

사람의 편도체는 (이런 학습문화를) 위험이나 공격으로 간주하고 도망치거나 싸우게 만들기 때문에 쉽지는 않겠지만 그만한 가치가 있습니다.

제 경험상 일대일 회의에서 사용하기 시작한 다음 점진적으로 전체 팀에게 가르치고 모두가 서로를 가르치도록 장려하는 것이 가장 좋습니다. 오해와 긴장된 순간이 있을 수 있지만 그만한 가치가 있다는 점을 명심하세요.

비즈니스 회의를 구성하는 방법과 회의에서 행동하는 방법

안타깝게도 대부분의 동물병원은 실무 회의를 개최하지 않으며, 회의를 개최하더라도 갈등으로 끝나는 방식으로 진행되어 아무도 나중에 다시 시도하고 싶지 않아 합니다.

함께 일하는 사람들이 서로의 관심사에 대해 이야기하고 서로 도움을 요청하고 제공할 수 있는 시간과 공간이 필요하기 때문에 이러한 현실이 안타까울 뿐입니다.

회의는 병원 문화를 만드는 데 결정적인 요소 중 하나입니다. 동료들 앞에서 회의에 임하는 태도는 어떤 말보다 리더로서 우리를 더 잘 드러냅니다.

회의는 여러 사람이 관심 있는 문제를 다루는 역동적인 상호작용이라는 관점을 잃지 말자.

다음은 회의에 참석한 스태프가 보다 성공적으로 회의를 진행하고 동물병원에 긍정적인 영향을 미칠 수 있도록 도와주는 유용한 팁입니다:

- **회의가 왜 필요한가요?**: 그렇게 해야 할 충분한 이유가 있습니다. 주로 두 가지 이유로 회의를 진행합니다:
  - 문제를 해결하기 위해.
  - 의사 결정을 내리기 위해.
- **언제 회의를 진행하지 않나요?**
  - 개인적인 문제를 처리하기 위해.
  - 준비되지 않은 경우.
  - 이메일, 내부 커뮤니케이션 게시판 등 다른 방법으로 정보를 공유할 수도 있습니다.

- **참석 대상**: 참석해야 할 정당한 이유가 있는 사람. 직책이 다른 사람들이 참석해야 할 정당한 이유가 있는 것이 매우 중요합니다. 함께 시간을 보내며 공통 관심사에 대해 논의할 수 있습니다. 수의사들끼리만 회의를 하고, 토의를 하는 것은 좋은 결과를 이끌어내지 못합니다.

기본 회의 유형

익스프레스: 하루 업무에서 중요한 역할을 하는 사람들의 일정을 업데이트합니다. 예를 들어, 이른 아침 회진을 통해 그날의 일정을 분석하고 입원 환자 및 예약환자를 평가합니다.

주간 전략: 즉석에서 조정할 수 있습니다. 농구 경기의 타임아웃 회의와 유사합니다.

전략적: 중장기적인 결정을 위한 회의입니다. 지금은 이러한 유형의 회의에 대해 자세히 알아보는 것이 중요하지 않습니다.

생일 축하, 시상식, 팀 사기 진작 등을 위한 비공식 회의도 잊지 말아야 합니다.

회의 준비

회의를 준비할 때 고려해야 할 사항:

1. 시간 및 장소

- 미리 소집: 다수에게 적합한 날짜와 시간을 정하기 위해 합의를 구하세요.
- 날짜 및 시간: 정기적으로 설정하는 것이 가장 좋습니다.
- 장소: 동물병원에서 진행하는 게 분위기 조성에 큰 도움이 됩니다.
- 참석자 배치: 참여도를 높이기 위해 U 또는 O에서 더 좋습니다.
- 기간:
  - 익스프레스: 1인당 1분, 이상적으로는 10~15분 이내.
  - 전술: 최대 40~60분.
  - 전략: 최대 2개의 주제, 주제당 45분.

2. 동기 및 목표

- 아이디어 요청, 정보 제공, 문제 해결, 책임 명확화, 역할 정의 등 이유를 명확히 하세요.
- 회의 중에 달성해야 할 목표를 알려주세요. 이는 이유가 명확할 때만 가능합니다.
- 회의 안건:
  - 이유.
  - 목표.
  - 참가자.
  - 시간, 날짜, 장소.
  - 추가 참고 사항.
  - 회의에서 각 사람에게 기대되는 역할(누가 무엇을 기여해야 하는지).
  - 회의 중에 필요한 자료.

3. 게스트 및 역할

- 게스트를 나열합니다:
  - 목표를 달성할 수 있는 사람들만 모입니다.
  - 다양한 관점을 제시할 수 있는 사람.
  - 팀 초기 단계에서는 더 많은 사람들을 포용하는 데 도움을 줄 수 있습니다.

- 역할을 할당합니다:
  - 리더: 회의의 목적을 명확히 하고, 일탈, 부적절한 행동에 대해 경고합니다. 위원회는 후속 조치에 대한 책임이 있습니다.
  - 간사: 관련 사항을 메모하고 정보를 필요로 하는 모든 사람에게 배포할 회의록 또는 요약본 초안을 작성합니다.
  - 기여자: 회의에 초대된 모든 참석자.
  - 전문가: 팀의 일원이 아니더라도 특정 주제에 대해 정보를 제공하거나 조언하기 위해 초대를 받아 참석할 수 있는 사람입니다. 전체 회의에 참석할 필요는 없습니다. 해당 전문가에게 참여하게 될 회의 단계에 대해 알려야 합니다.
- 에너지 레벨 관리:
  - 환영 인사로 시작하세요.
  - 특히 까다로운 문제로 시작하거나 끝내지 마세요.
  - 감사 인사로 마무리합니다.

회의 주도 또는 진행

회의를 진행할 때 가장 중요한 사항입니다:

1. 회의 시작

- 정시에 시작하고 시간을 엄수하세요.
- 권위 있게 시작하세요.
- 논의할 이슈를 소개합니다.
- 규칙을 수립하거나 검토합니다.
- 신규 참가자의 경우 자신을 소개합니다.
- 기간을 명확히 합니다.
- 끼어들기, 소리 지르기, 고함 지르기, 독점하기, 참여하기 등을 하지 않도록 경고합니다.
- 의사 결정에 영향을 미칠 수 있는 외부 제약 조건이 있는지 명확히 설명합니다.

2. 회의 계속하기

- 통화에서 합의된 의제를 따르세요.
- 에너지를 높이는 것부터 시작하세요.

- 참가자 수가 많을수록 의제에 충실해야 할 필요성이 커집니다. 소규모 그룹은 더 유연할 수 있습니다.
- 모든 사람의 의견을 들어야 합니다.
- 10명 이상의 그룹에서는 특정 이슈에 대해 3명씩 그룹을 나누어 작업하는 것이 유용할 수 있습니다.

3. 공유

- 만약 논의가 거의 없이 회의가 진행되고 있다면, 다소 중요한 위치에 있지 않은 참석자에게 의견을 구해봅니다.
- 모든 견해와 의견이 동등한 비중을 차지하지는 않더라도 모두 중요합니다.
- 집중력을 유지하세요.
- 리더는 직원들의 행동에 주의를 기울이고 괴롭히거나 협박하지 않아야 합니다.
- 격려할 때는 긍정적으로, 공격이 있을 때는 개입하세요.

4. 회의 종료

- 논의된 문제와 합의에 도달한 내용을 요약합니다.
- 비서가 핵심 사항을 메모했는지 확인하세요.
- 축하(간단한 감사부터 축하를 표현하거나 '파티'까지).

누구나 쉽게 참여할 수 있는 비결

- 회의를 독차지하지 않도록 주의하세요.
- 긍정적인 태도로 사람들의 참여를 독려하세요.
- 모든 사람의 의견을 고려하는 것을 잊지 마세요.
- 사람들이 자신의 발언에 매우 관심이 많고 서로를 방해하는 경향이 있는 경우, 잠시 자리에서 일어나 서로 눈을 마주치도록 하세요. 한 명과 중재자: "후안, 크리스, 에스더의 이야기를 먼저 듣고, 그 다음 크리스, 에스더의 이야기를 들어보겠습니다."
- 몸짓 언어를 보세요. 앞으로 몸을 기울이는 사람은 무언가 말하고 싶은 것이 있을 것입니다. 다음과 같이 질문하세요. 그룹과 무언가를 공유하시나요?
- 침묵을 존중하세요.
- 회의에 참여한 모든 참가자의 의견을 듣기 전에 어떤 결정도 내리지 마세요.

회의의 어려움

- 회의에서 발생할 수 있는 대표적인 어려움은 사람들이 지각하는 것입니다.
- 여러 사람이 동시에 이야기하고 속삭이는 소리가 들립니다.
- 한 사람이 다른 사람(보통 상사)을 협박하는 경우.
- 한 지점에서 막히는 경우.
- 참여도가 낮습니다.
- 토론할 주제에서 벗어나는 경우.
- 참가자 간의 분노.
- 과도한 시간.
- 전술적 문제와 전략적 문제가 혼합된 불명확한 접근 방식.

이러한 어려움에 대처하는 방법에 대한 몇 가지 간단한 팁을 알려드립니다:

1. 누군가 지각하는 경우:

- 약속된 시간에 맞춰 예리하게 시작하세요.
- 늦게 도착하는 사람에게는 회의 중에 수행할 작업을 할당하세요.

- 댓글을 남길 때는 판단이 아닌 설명적인 내용이어야 합니다. 예를 들어, "당신이 늦었다는 것은 우리가 기대했던 문서를 받지 못했다는 뜻입니다." 대신 "당신은 팀원이고 우리 시간에 신경 쓰지 않는군요!"라고 말하세요.
- 회의가 끝난 후 비공개로 지연된 이유를 물어보세요(이 행동의 이유를 알아야 합니다).

2. 누군가 회의를 독차지하는 경우:

- 의견을 제시해 주셔서 감사합니다. 자 이제 다른 사람의 의견도 들어봅시다.

3. 누군가 계속 방해하는 경우:

- 상대방이 마칠 수 있도록 기다려 달라고 요청하세요.
- "이제 가장 많이 말했던 사람은 침묵하고, 거의 듣지 못했던 사람은 자신을 표현할 기회를 갖겠습니다."라고 그룹에게 역할을 바꾸도록 요청합니다.
- 강박적으로 자기 의견을 내는 사람이라면 휴식 시간에 따로 시간을 내어(*솔직하게*) 자중해 달라고 부탁하세요.

4. 누군가 테마를 반복하는 경우:

- 칠판을 가리키며 "이 주제는 전에 다룬 적이 있는 것 같으니 다음 요점으로 넘어가 볼까요?

5. 문제가 반복해서 발생하는 경우

- 이 경우 충분히 명확하지 않은 내용이 있을 수 있으므로 다시 살펴봅니다.

6. 누군가 방해가 되는 행동을 하는 경우:

- 그룹을 다시 모아 의제(또는 마인드맵)를 가리키며 다음과 같이 말합니다. "오늘 우리의 목표는 집중력을 유지할 수 있을까요?"
- 휴식을 요청하고 방해가 되는 사람과와 원치 않는 행동에 대해 개인적으로 논의하세요.

7. 그룹이 멈춰 있거나 혼란스러워 보이는 경우:

- 회의를 시작할 때 논의할 목표와 이슈를 반영하는 화이트보드를 사용하세요.
- 문제를 무시하지 마세요.
- "무슨 일이에요?"라고 공개적으로 물어보세요. 회의의 목적을 기억하세요.
- 휴식을 제안합니다.
- 이 안건을 안건에서 삭제하고 더 많은 자료가 확보된 다음 날에 논의하겠다고 말합니다.

8. 그룹이 침묵하면 참여도가 낮다는 뜻입니다:

- "제가 놓치고 있는 것이 있나요?" 솔직하게 물어보세요.
- 침묵의 원인이 우리의 행동 때문은 아닌지 스스로에게 물어보세요. 분위기를 전환하세요: 공을 건네며 의견을 묻고, 농담을 하고, 잠시 휴식을 취하고, "무슨 생각을 하고 있나요?"라고 진지하게 물어보세요.

9. 두 사람 사이에 강한 대립이 있는 경우:

- 합의된 행동 규칙을 확실히 기억하세요. 아이디어가 표현되는 방식이 아니라 아이디어에 집중하세요.
- 참가자들이 긍정적인 방식으로 자신을 표현하고 모든 사람의 의견을 이야기하도록 장려하세요.
- 구성원들이 아이디어에 대해 섣부른 평가를 내리지 않도록 합니다.
  예: "그건 그냥 아이디어였어요. 아직 판단하지 말자. 다른 사람들과 함께 생각해 본 다음 평가해 봅시다.
- 최후의 수단으로 상대방에게 회의에서 나가달라고 요청하세요.

회의 종료

회의를 제대로 종료하려면 다음 사항에 유의하세요:

- 시간에 주의하세요: 시간 관리 담당자를 지정하여 사용 가능한 시간을 알려주는 것이 필요합니다.
- 시간이 부족하면 안건에서 항목을 삭제합니다.
- 회의를 연장해야 하는 경우, 모든 참석자에게 사전에 연장 가능 여부를 물어봅니다.
- 가능한 한 일찍 끝내세요.
- 참가자의 에너지 수준을 면밀히 관찰하고, 몸의 자세와 비언어적 언어에 주의를 기울이세요. 피로가 쌓이기 시작하면 회의를 종료하는 것이 좋습니다.

회의의 공식적인 종료

- 논의된 내용을 요약합니다.
- 다음 단계가 무엇인지 명확히 합니다.
- 필요한 경우 다음 회의에 동의합니다.
- 참석과 참여에 감사드립니다.

회의 후속 조치

이것은 가장 소홀히 다루어지고 가장 자주 실패하는 측면 중 하나입니다. 후속조치 계획을 세우는 것은 매우 중요합니다. 눈에 잘 띄는 곳에 서면 기록을 보관하면 많은 도움이 될 수 있습니다.

실행 계획에는 다음이 포함되어야 합니다:

- 내용: 수행하기로 합의된 특정 작업.
- 대상: 작업을 수행할 책임이 있는 사람.
- 기간: 언제까지 완료해야 하는 작업입니다.
- 다음을 포함한 회의록 초안
  - 회의 날짜, 시간 및 장소.
  - 참석자.
  - 회의의 목적.
  - 주요 결정 사항.
  - 참가자 확인.

몇 가지 예가 아래에 나와 있습니다.

회의 소집:

- 회의 목적: 홈 서비스 출시 여부를 결정하기 위함입니다.
- 참석자: 디렉터, 선임 수의사 3명, 주니어 수의사 1명(대표), ATV 1명(대표), 데스크 직원 1명.
- 목표
  - 결정: 예 또는 아니오.
  - 장단점을 평가합니다.
  - 그렇다면 서비스 담당자를 지정하세요.
- 소요 시간: 30분.

회의록:

- 회의 이유: 홈 기반 서비스 출시 여부를 결정하기 위해서입니다.
- 목표
  - 결정: 예 또는 아니오.
  - 장단점을 평가합니다.
  - 그렇다면 서비스 담당자를 지정해 주세요.
- 참석자: 원장, 선임 수의사 3명, 주니어 수의사 1명(대표), ATV 1명(대표), 데스크 직원 1명.

결정이 내려졌습니다:

- 서비스를 시작하기로 결정했습니다.
- 서비스 담당자는 미구엘입니다.
- 2023년 5월 1일까지 태스크포스를 구성하여 2023년 6월 1일까지 서비스를 준비하기 위한 실행 계획을 수립할 예정입니다.

요약

이 장에서는 성과가 높은 팀의 일원이 되는 것이 동물병원 구성원들이 달성하는 결과와 밀접한 관련이 있다는 것을 살펴보았습니다. 그리고 이러한 결과를 측정하는 가장 좋은 방법 중 하나는 생산성입니다.

동물병원(가격, 사용 가능한 기술 등), 직원(교육, 경험) 및 둘 다(근무 환경, 동기 부여 등)에 따라 달라지는 요소가 있습니다.

우리는 금전적 인센티브를 통해 생산성을 장려하는 것의 장단점을 확인했으며, 동물병원 구성원들이 최상의 결과를 달성하고 매일 전문적으로나 개인적으로 계속 성장할 수 있도록 서로 돕는 소속감을 조성하기 위해 회의를 사용하는 방법을 포함하여 ***피드백***을 적절히 사용하여 사람들에게 동기를 부여하는 방법도 확인했습니다.

추천 참고 문헌

1. Buron RJ, McDonald-Mann D. *Giving Feedback to Subordinates*. Center for Creative leadership, 1999.
2. Harvard Business Review. *Management Tips*, Harvard Business Review, 2011.
3. Harvard Business School Press. *Running Meetings*. Harvard Business School Publishing, 2006.
4. Scott K. *Radical Candor, Be a Kick-ass Boss without Losing your Humanity*. St. Martin's Publishing group, 2019.
5. Weitzel, Sloan R. *Feedback that Works: How to Build and Deliver your Message*. Center for Creative leadership, 2000.

CHAPTER 8

리더쉽

소개

스티븐 코비는 리더는 타고나는 것인지 만들어지는 것인지에 대한 질문을 받았을 때 이렇게 대답했습니다:

"리더는 자신이 내리는 결정에 의해 리더가 된다."

이 장에서는 리더십이 동물병원에서 자신의 지위에서 나오는 것이 아니라 매일 보여주는 행동 강령과 다른 사람들이 자신의 행동을 모방하도록 영감을 주는 능력에서 나온다는 것을 알게 될 것입니다.

왜 동물병원에서 일해야 하는지, 왜 한 동물병원이 다른 동물병원보다 더 나은지, 누구를 도와야 하는지, 환경에 어떤 영향을 미치는지, 왜 그렇게 행동해야 하는지, 어떻게 메시지를 공유해야 목표에 더 잘 도달하고 더 잘 받아들여지고 더 긍정적인 영향을 미칠 수 있는지, 어떻게 메시지를 공유해야 목표에 더 잘 도달하고 더 잘 받아들여지고 더 긍정적인 영향을 미칠 수 있는지, 동물병원의 메시지를 어떻게 공유해야 하는지에 대해 생각해 보십시오.

이 장의 학습 목표

1. 나의 사명, 비전 및 가치를 모범으로 보여주는 방법.
2. 리더십 도구로서의 *스토리텔링*.
3. 커뮤니케이션 도구로서의 *시각적 사고*.
4. 팀과 함께 잊지 못할 순간을 만드는 방법.
5. 직업적, 개인적 성공을 위한 관대함과 목적의 중요성.

OBJETIVOS

이 장의 학습 목표에 대한 Miguel Ángel Díaz 의 동영상입니다.

수의학 관리 아카데미 모듈 8.

이 모듈에서는 또 어떤 내용을 배우게 되나요?

- 비전, 사명 및 기재란 무엇이며, 그 목적과 사용 방법은 무엇인가?
- *스토리텔링*이란 무엇이며, 스토리텔링이 중요한 이유와 스토리텔링 방법을 알아봅니다.
- *시각적 사고*란 무엇이며, 커뮤니케이션에 간단한 그림을 포함하면 메시지의 힘을 어떻게 높일 수 있는지 알아봅니다.
- 사람들은 시간을 선형적인 방식으로 기억하는 것이 아니라 좋은 순간과 나쁜 순간으로 기억합니다. 팀과 함께 잊을 수 없는 순간을 만드는 것의 중요성과 그 방법을 알아봅니다.
- 마지막으로, 직장에서의 관대함과 목적의식의 힘과 그것이 업무적, 개인적 성공에 미치는 영향에 대한 두 가지 놀라운 연구 결과를 살펴봅니다.

미션, 비전 및 가치를 사례로 보여주는 방법

커리어를 쌓는 동안 혼란스럽고 방향을 잃고 어떤 결정을 내려야 할지 불확실한 상황에 직면하게 될 때가 많습니다. 이러한 불확실성은 때때로 불편하고 고통스럽지만, 여러분이 어떤 전문가와 사람이 될지 결정하는 데 도움이 될 것입니다.

커리어의 어느 시점에 반드시 답변해야 할 질문입니다.

- 동물병원을 개설해야 하나요, 아니면 직원이 되어야 하나요?
- 24시간 서비스를 시작해야 하나요, 아니면 24시간 서비스를 시작하지 않아야 하나요?
- 전문성을 키우기 위해 다른 나라로 가야 하나요, 아니면 고향에서 커리어를 쌓아야 하나요?
- 현재 근무하는 동물병원이 마음에 들지 않더라도 이 채용 제안을 유지해야 하나요?
- 보호자의 요구를 수용해야 하나요, 아니면 다른 동물병원으로 가도록 권유해야 하나요?
- 마음에 들지 않는 직원의 행동을 중단시켜야 하나요, 아니면 갈등을 피하기 위해 그냥 내버려둬야 하나요?
- 상사가 무언가를 해달라고 하는데 이 무리한 요청을 받아들이기 어렵다면 어떻게 해야 하나요?

이럴 때일수록 나침반, 더 나아가 GPS와 같이 현재 위치와 가고자 하는 목적지에 도달하기 위해 따라야 할 경로를 알려줄 수 있는 무언가가 필요합니다.

이 장의 첫 번째 부분에서는 의심의 순간에 직면했을 때 성공으로 가는 길을 따라가는 데 필요한 내 안의 GPS를 찾을 수 있도록 가이드를 제공합니다.

자신에게 중요한 것이 무엇인지 어떻게 알 수 있을까요? 내면의 나침반을 어떻게 찾을 수 있을까요? 커리어에 대한 비전, 사명, 가치를 정의하는 방법을 살펴봅니다.

비전 성명서

자신의 일을 통해 세상에 기여하고 싶은 것이 무엇인지, 왜 수의사가 되는지, 왜 매일 아침 일어나 병원에 가는지, 존경하고 롤모델로 생각하는 수의사나 다른 분야의 전문가가 있는지, 그 사람의 이미지를 보고 본받고 싶은 마음에 드는 사람이 있는지 생각해 본 적이 있나요?

예

10년 후에는 신경과를 전문으로 하는 수의사가 될 거예요. 매우 어려운 진단을 내릴 수 있을 뿐만 아니라 우리나라에서 척추 및 뇌 수술의 선구자가 될 것입니다. 최고의 수단을 가진 의뢰 병원에서 일하며 문제에 대한 해결책을 찾고 있는 절망적인 개와 고양이 보호자들에게 희망과 해결책을 제시하는 사람이 되겠습니다. 뿐만 아니라 다음과 같은 신경학 사례를 의뢰할 신뢰할 수 있는 수의사 파트너를 찾을 것입니다. 국제 학회에서 제 경험을 공유하고 같은 열정을 가진 전 세계 동료들을 만나는 것을 즐길 것입니다.

사명 선언문

2장에서 셀프 SWOT를 통해 수의사로서의 경력에서 약점, 위협, 강점 및 기회를 발견할 수 있었던 것을 기억하시나요?

이 모든 정보는 이제 여러분에게 많은 도움이 될 것입니다. 자신의 재능, 강점, 자원이 보호자에게 어떻게 도움이 될지 생각해 보세요.

성찰하는 데 도움이 되는 질문:

- 비전을 달성하는 데 도움이 되는 강점은 무엇인가요?
- 어떤 활동에서 이러한 강점을 표현할 수 있을까요?
- 이러한 강점을 사용하는 방식이 환경에 어떤 영향을 미치나요?
- 내가 열정을 가지고 있는 분야는 무엇이며, 세상에 가장 긍정적인 영향을 미칠 수 있는 분야는 무엇인가요?

여러분은 이미 내면의 GPS가 무엇을 알려주는지 꽤 잘 알고 있고, 비전(커리어에 의미를 부여하는 것)과 사명(봉사하는 사람들에게 어떤 영향을 미칠 것인지)을 정했습니다. 이제 이를 어떻게 수행할 것인지, 그리고 매일의 행동을 이끌어줄 행동 강령은 무엇인지 생각해 볼 차례입니다.

가치

우리가 인생에서 추구하는 모든 **목표**는 가치를 충족시키기 위한 것입니다. 우리가 하는 모든 일에는 우리가 종종 인식하지 못하더라도 숨겨진 가치가 있습니다.

매일 밤 평화롭게 잠을 자고 매일 좋은 결정을 내리기 위해서는 가치관에 부합하는 삶을 사는 것이 중요합니다.

수의사는 동물에 대한 사랑 때문에 수의사가 되고, 재정적 안정이 매우 중요하기 때문에 좋은 급여를 받고 싶어 전문의가 될 수 있습니다.

신뢰와 우정이 중요한 또 다른 수의사는 존중과 지지를 받고 진정한 동료들 사이에서 일한다는 느낌 때문에 수입이 적은 동물병원에서 일하는 것을 선택할 수도 있습니다.

결론적으로 리더십은 우리가 말하는 것과 행동하는 것 사이의 일관성에서 비롯됩니다.

리더로 인정받기 위해 반드시 중요한 직책을 맡아야 하는 것은 아니라는 점을 기억하세요. 여러분이 어떤 전문가인지 행동으로 보여주면 됩니다.

리더십 도구로서의 *스토리텔링*

스토리는 인간의 마음에 특별한 힘을 발휘합니다. 스토리는 우리 안에 있는 무언가에 불을 붙이는 불꽃과 같은 역할을 하며 힘을 발휘합니다:

- 우리를 깊은 수준으로 연결.
- 우리의 영혼을 위로.
- 신념을 변화.
- 제품 및 서비스 판매.
- 영향력 행사 및 설득.
- 영감을 주는 비전을 공유하고 리더십을 발휘하세요. 그 엄청난 힘을 보여주는 몇 가지 사례를 살펴보겠습니다.

예 1. 제품 또는 서비스의 가치에 대한 영향력

스토리의 힘에 대한 가장 놀라운 연구 중 하나는 아마도 2009년에 롭 워커와 조슈아 글렌이 수행한 연구일 것입니다.

첫 번째 단계에서 연구원들은 1달러에서 2달러 사이의 중고 장신구를 구입했습니다. 총 128.74달러를 투자했습니다.

두 번째 단계에서는 전문 작가를 고용하여 각 사물에 대한 가상의 스토리를 작성했습니다.

마지막으로 세 번째 단계에서는 경매를 통해 총 3,612.51달러에 판매하여 2,700%의 가치 상승을 달성할 수 있었습니다.

제품이나 서비스의 주관적 중요성을 높이는 스토리를 전달하면 객관적 가치도 동시에 높아집니다.

예 2. 행복과 자존감에 대한 힘

2010년 에모리 대학교의 마샬 듀크 박사와 그의 동료인 로빈 피부시 박사는 "알고 계십니까?"라는 획기적인 연구를 통해 아이들의 정서적 건강과 행복을 가장 잘 예측하는 요인인 스토리를 발견했습니다.

자녀가 자신의 가족사를 더 잘 알수록, 즉 자신이 겪은 우여곡절과 생존과 번영을 위해 극복해야 했던 장애물을 더 잘 알수록 자녀의 삶에 대한 통제감이 커지고 자존감이 높아지는 것으로 나타났습니다.

예 3. 영향력을 행사하고 설득하는 힘

유명 헤드헌터인 빌 사이먼은 "자신의 태도와 열정을 강조하는 깊은 의미가 담긴 스토리를 전달하면 이력서의 팩트, 수치, 데이터가 갑자기 기억에 남게 된다"고 말합니다.

놀랍지 않게도 낸시 두아르테는 프레젠테이션이 끝난 후 팩트를 기억하는 사람은 5%에 불과한 반면, 스토리를 기억하는 사람은 63%에 달한다고 말합니다.

데이터는 스토리만큼 잘 기억되지 않습니다!

스토리는 어떻게 전달하나요?

어떤 사람이 어떤 스토리를 해야 한다고 말하는 것은 불가능합니다. 우리 모두는 저마다의 스토리를 가지고 있기 때문입니다. 하지만 좋은 스토리에는 몇 가지 공통점이 있습니다.

잘 정의된 장면(컨텍스트)

스토리가 진행되는 시간의 틀을 잡는 것이 중요합니다. 무엇을, 누가, 어디서, 언제, 어떻게 하는지 더 정확하게 파악할수록 스토리의 완성도가 높아집니다.

반대(대비)

모든 미담에는 주인공(예: 수의사, 환자 또는 보호자)과 길항제(나쁜 사람, 질병, 나쁜 보호자, 돈 문제) 또는 친절하고 영감을 주거나 사랑받는 사람(의료-수술적 치료, 좋은 보호자, 훌륭한 결제 대안)이 있습니다.

감정적 요소(취약점)

그러나 주인공이 어떤 종류의 취약성을 보여주는 스토리는 청취자와의 연결을 훨씬 더 강하게 만듭니다. 특히 역경에 맞선 투쟁, 암흑의 시간, 극복에 대한 스토리는 더 깊은 수준에서 소통할 수 있습니다. 개인적인 스토리를 통해 보편적인 진리를 말하기 때문입니다.

스토리는 우리 안에 불꽃을 일으킬 수 있습니다.

우리에게 영향을 미치는 스토리는 변화를 이야기하고, 우리 안에 있는 용기를 발견하도록 도와주며, 우리 안에 있는 최고를 끌어낼 수 있습니다. '*스토리텔링하기/세상이 귀 기울일 수 있도록 스토리를 전하는 방법*'의 저자 보벳 버스터는 "나를 더 나아지게 할 스토리를 들려주세요"라고 말합니다.

개인을 보편적으로 만들기(중요한 가치 포함)

좋은 스토리는 보편적인 가치에 따라 살기 위한 주인공의 고군분투를 담고 있습니다. 예를 들어, 돌이킬 수 없는 병에 걸린 노령견에게 최선의 치료를 제공하려는 수의사와 그의 보호자의 고군분투가 그 예입니다. 환자와 반려동물에 대한 연민과 무조건적인 사랑은 스토리의 수준을 특수한 상황에서 보편적인 상황으로 끌어올립니다.

우리의 감각에 영향을 미칩니다.

잘 짜여진 스토리는 우리의 감각을 활성화할 수 있기 때문에 우리 내면에서 무언가를 불러일으킵니다. 스토리는 우리가 무언가를 보고, 듣고, 냄새 맡고, 맛보고, 느끼거나 동시에 여러 가지를 할 수 있도록 도와줍니다.

실화 예시

다음은 제가 수년간 임상을 하면서 여러 차례 이야기했던 실제 사례입니다. 이 스토리는 보호자와 신뢰 관계를 구축하고 의뢰를 수락하는 결정을 쉽게 내리는 데 도움이 되었습니다.

장면:

- 치석이 많고 치아 흔들림, 통증 및 심잡음이 있는 14세 개.
- 마취의 위험에 대해 우려하는 보호자(및 수의사).

스케일링을 권장하지만 마취의 위험에 대해 경고합니다. 보호자는 이해한다고 대답하고 "저라면 어떻게 하시겠습니까?"라고 묻습니다.

라시의 경우

이것이 제가 보호자들에게 들려주곤 했던 스토리입니다:

"가르시아 부인, 이 상황의 딜레마를 충분히 이해하며 라시를 어떻게 해야 할지 조언을 구해 주시고 저를 신뢰해 주셔서 진심으로 감사드립니다. 괜찮으시다면 한 가지 스토리를 들려드리고 싶습니다.

얼마 전 반려견을 무척 사랑했던 한 보호자도 당신과 같은 상황에 처했습니다. 그녀의 반려견은 똑같은 구강 문제와 심장 잡음을 가지고 있었습니다. 마취와 관련된 위험뿐만 아니라 전신 패혈증 및/또는 신부전과 같은 아무것도 하지 않을 때의 위험에 대해서도 경고해 드렸습니다. 또한 모든 것이 잘 진행될 경우의 혜택과 남은 시간 동안 얼마나 잘 지낼 수 있을지에 대해서도 이야기했습니다.

그 보호자는 위험을 감수하지 않기로 결정했습니다. 그녀의 반려견은 몇 달 더 살았지만 온 가족이 입과 숨이 계속 불편해 견디기 힘들었습니다. 냄새가 너무 불쾌해서 그들은 예전처럼 강아지를 쓰다듬는 것을 멈추고 이전처럼 품에 안지 않고 무의식적으로 강아지와 헤어졌습니다. 어느 날 강아지가 신장 질환에 걸렸고 감염이 광범위하게 퍼져 신장이 돌이킬 수 없을 정도로 손상되었습니다. 안락사를 하려던 순간, 그 여성은 쓰러졌고 눈물을 흘리며 이렇게 말했습니다. 그때 입안을 깨끗이 닦아주어 더 나은 삶을 살 수 있게 해주지 못한 것이 후회스럽습니다."

"가르시아 부인, 수의사로서 라시의 스케일링 권해드리지만 마취에 따른 위험성을 먼저 수용하셔야 합니다. 마취 중에 좋지 않은 일이 발생하더라도 저희 모두가 최선을 다했다는 데 의심의 여지가 없고 저희를 전적으로 신뢰하는 경우에만 결정을 내려 주시길 바랍니다. 그렇다면 라시의 스케일링을 합시다.

우리가 보장할 수 있는 것은 모든 것이 순조롭게 진행되면 라시의 삶의 질이 크게 향상되고 온 가족이 라시를 즐기는 것이 지금보다 훨씬 더 좋아질 것이라는 것입니다. 가족들은 끔찍한 입냄새의 불편함 없이 라시를 안아주고 키스하며 함께할 수 있고, 라시는 고통 없이 음식을 먹을 수 있게 될 것입니다."

커뮤니케이션 도구로서의 시각적 사고

우리가 생각할 때 이미지가 떠오른다고 생각해 본 적이 있나요? 우리의 뇌는 아이디어를 떠올릴 때 대부분 즉시 내부 이미지를 떠올립니다.

*시각적 사고*는 반드시 예술 작품을 만들어야 한다는 뜻이 아니라 기능적인 그림을 그려야 한다는 뜻입니다. 낸시 마굴리가 말한 것처럼, 시각적 사고는 이미지, 생각, 계획, 아이디어를 머릿속에서 포착한 다음 이를 외부화하는 과정입니다.

시각적 사고는 종이(또는 다른 매체)에 마음을 투영하는 것입니다. '*더 나은 비즈니스를 그리다*'의 저자 카라 홀랜드가 말한 것처럼, *시각적 사고*는 텍스트와 함께 이미지, 도형, 색상을 사용하여 사고하고 정보를 처리하며 더 효과적으로 소통하는 데 도움을 줍니다.

다음은 여러분을 놀라게 할 몇 가지 사실입니다:

1. 대부분의 사람들은 각기 다른 학습 채널이나 스타일을 가지고 있습니다. 시각, 읽기 및 쓰기를 포함한 청각, 움직임과 관련된 운동 감각이 있습니다. 이는 평균 비율입니다: 시각 60%, 청각, 읽기 및 쓰기 30%, 운동 감각 10%.

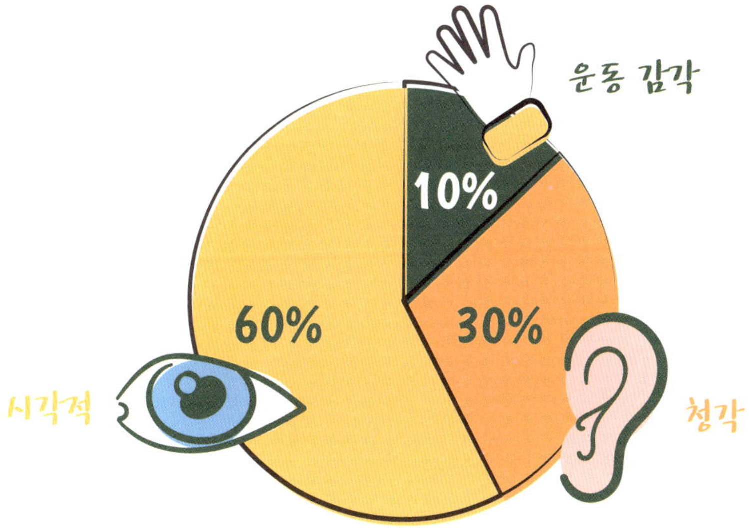

2. 학습은 적어도 두 가지 스타일을 감정적 경험(예: 좋은 스토리)과 결합할 때 촉발됩니다. 말하거나 읽으면서 그림을 그리면 시각, 청각, 운동 감각 학습이 포함됩니다. 그리고 스토리가 좋으면 감정적 요소가 촉발됩니다.
3. 아이디어를 글과 그림으로 제시하면 기억에 남는 비율이 더 높습니다. 정보가 6배 증가합니다! 보호자, 파트너 또는 이미지와 함께 공유하면 직원이 정보를 보유할 가능성이 6배 더 높아집니다.
4. 광범위한 연구에 따르면 인간의 뇌가 시각적 기호를 처리하고 이해하는 데 걸리는 시간은 250밀리초에 불과합니다.

5. 한 실험에서는 두 그룹으로 나뉘어 두 그룹 모두 목표를 달성하기 위해 지시를 따라야 했습니다. 한 그룹은 텍스트로만 된 지침을 받았고 다른 그룹은 텍스트와 그림이 포함된 지침을 받았습니다. 두 번째 그룹이 첫 번째 그룹보다 목표 달성률이 323% 더 높았습니다.

안타깝게도 동물병원을 포함한 대부분의 업무 환경에는 시각적 요소가 부족합니다. 그림 없이 설명이 제공되고, 순서를 그리지 않고 프로세스가 설명되며, 프로토콜은 텍스트로만 제안되고, 지침은 그림이 없으며, 대부분의 회의는 지루할 뿐만 아니라 그림이 거의 없는 단조로운 텍스트로 가득 찬 프레젠테이션은 말할 것도 없습니다.

커뮤니케이션에 *시각적 사고*를 포함할 때의 이점:

- 더 많은 아이디어에 접근하고 더 많은 아이디어를 창출.
- 메시지를 기억하는 능력이 향상.
- 이해력 향상.
- 복잡성에서 명확성으로 전환.
- 문제를 더 잘 분석하고 해결하는 데 도움.
- 주의를 더 끌 수 있음.
- 커뮤니케이션을 개선.
- 재미를 높임.

어디서부터 시작해야 할까요?

무엇이든 그리는 **7가지 기본 방법**은 다음과 같습니다:

1. 포인트	●	**5.** 삼각형	△
2. 라인	—	**6.** 원	○
3. 화살표	→	**7.** 무정형 형태	
4. 사각형	□		

Miguel Ángel Díaz의 동영상
무엇이든 그리는 7가지 기본 방법과 가능한 의미를 알아보세요.

수의학 관리 아카데미 모듈 8.

필수 질문

동물병원에서 일상적인 업무를 수행하면서 보호자, 동료, 직원, 상사, 공급업체 등과 많은 정보를 공유해야 합니다. 무언가를 이해하거나 설명하려면 누가, 무엇을, 얼마나, 어디서, 언제, 어떻게 하는지 등 필수적인 질문을 다뤄야 합니다.

시각적 사고 분야에서 가장 권위 있는 전문가 중 한 명인 댄 로암은 핵심적인 질문을 다룰 때 다음과 같은 이미지를 그릴 것을 권장합니다:

누구

'누구'를 그리려면 원을 사용합니다.

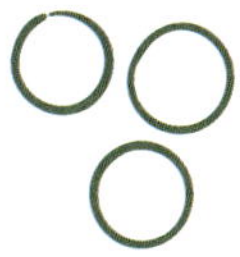

무엇

'무엇'을 그리려면 기본 도형을 사용하여 일상 생활에서 가장 자주 사용하는 단어와 개념을 포괄할 수 있는 시각적 어휘를 만듭니다.

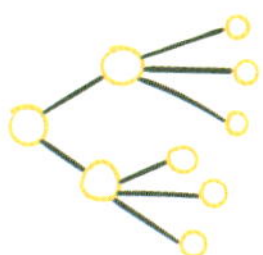
관계

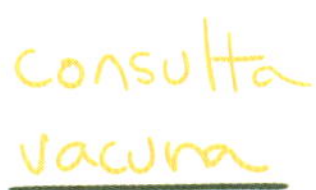

밑줄

하이라이트

표시

얼마

그래프 또는 도표를 사용하여 수량('얼마')을 표시합니다.

어디

'어디'를 표현하려면 좌표축, 지도, 평면도를 사용합니다(반려동물의 몸을 지도로 사용하여 문제가 발생한 위치를 표시할 수 있습니다).

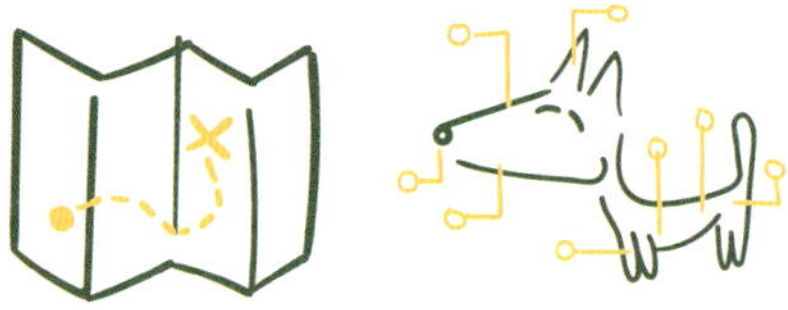

언제

타임라인을 사용하여 '언제'를 설명합니다. 일반적으로 서양에서는 왼쪽에서 오른쪽으로 진행합니다. 다음과 같은 경우 가장 좋은 방법은 시곗바늘의 움직임을 따라가는 것입니다.

방법

'방법'은 단순히 위의 구성 요소 중 일부를 조합하여 관계를 확인하는 것입니다. 이는 일반적으로 프로세스를 설명하기 위해 이미지를 사용하여 수행됩니다.

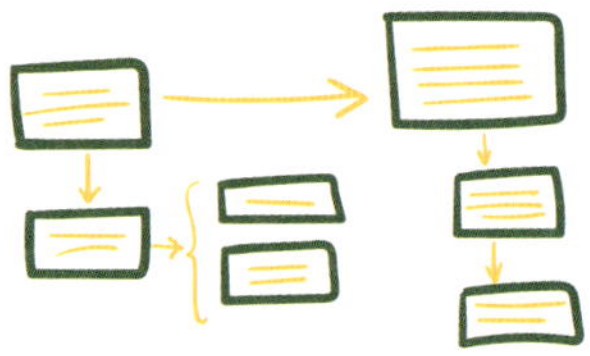

***시각적 사고*에 대한 팁, 필수 질문 및 동물병원에서의 네 가지 실제 적용 사례가 담긴 Miguel Ángel Díaz의 동영상입니다.**

수의학 관리 아카데미 모듈 8.

또한 그림 사전을 확장하거나 만드는 데 도움이 될 수 있는 간단한 그림의 다른 예도 제공합니다.

마지막 팁

이제 커뮤니케이션에서 이미지 사용을 장려하기 위한 몇 가지 팁을 살펴보겠습니다.

시각적 사고를 방해하는 요소	다음을 더 쉽게 수행할 수 있는 기능 시각적 사고
조바심.	원으로 시작합니다.
시작 방법에 대한 과도한 우려.	여러 가지 표시를 사용합니다.
마치 예술로 생각하는 경향	화살표로 아이디어를 연결하세요(제 경험상 화살표는 타의 추종을 불허합니다).
너무 많은 색상을 사용(제 조언은 두 개, 최대 세 개를 사용하는 것입니다.)	다양한 크기와 두께의 글자를 사용합니다.
그림이 이해되었는지 확인하지 마십시오.	마커를 상대방에게 전달하여 그림을 완성합니다.

결론

커뮤니케이션에 사진을 사용하면 도움이 됩니다:
- 아이디어(서비스 및 제품)를 더 효과적으로 판매.
- 더 나은 문제 해결.
- 팀을 더 잘 훈련.
- 더 효과적으로 리드.

잊을 수 없는 팀 순간을 만드는 방법

저는 25년 이상 동물병원을 운영했습니다. 처음에는 접수원이 한 명뿐인 작은 병원으로 시작했어요. 나중에 직원 17명이 근무하는 24시간 진료 병원으로 성장한 후 직원 10명이 근무하는 동물병원으로 규모를 축소했습니다.

코칭과 트레이닝에 제 열정을 100% 전념하기 위해 동물병원을 동료에게 매각한 순간이었습니다.

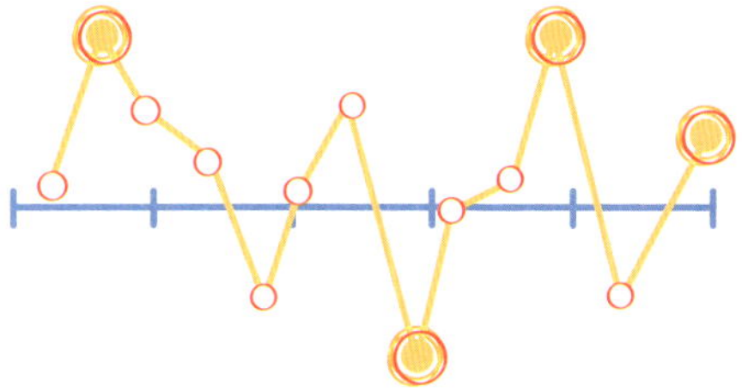

돌이켜보면 시간을 선형적으로 기억하는 것이 아니라 고립되어 있지만 매우 특별한 순간들만 기억합니다.

*'순간의 힘'이라*는 책의 저자 댄과 칩 히스의 말이 맞습니다. 그들은 우리가 긍정적이든 부정적이든 시작과 끝, 절정의 경험을 가장 잘 기억한다고 주장합니다.

예를 들어 출근 첫날, 첫 상담, 새 병원을 개원한 날, 처음으로 누군가를 해고했을 때, 전체 팀원들과 함께한 매니저로서의 마지막 저녁 식사, 매우 성공적인 수술, 보호자과의 대면, 직원이 갑자기 퇴사한다고 말했을 때, 동기 부여 동영상을 사용하기 시작한 팀 회의, 팀원들과 함께 등산을 하거나 생일을 축하했을 때, 사적인 대화 등을 생생하게 기억할 수 있습니다.

이러한 순간 중 상당수는 즉흥적이지만 다른 많은 순간은 계획된 것입니다. 리더로서 우리는 후자를 더 많이 만들기 위해 노력해야 합니다. 그러나 즉흥적이든 프로그램적이든, 비결은 항상 가능한 한 많은 감각에 호소하여 기대 수준을 높이는 것입니다.

생각할 거리

- 록 콘서트: 음향효과나 조명의 도움이 없다면 동일할까요?
- 생일: 축하행사가 없고 촛불을 불지 않아도 동일할까요?
- 대학 졸업식: 음악이 있는 졸업식도 없고 모자와 가운을 입지 않는다면 동일할까요?
- 연봉 인상: 상사의 축하와 감사가 동반되고 개인 미팅에서 환한 미소와 함께 전달된다면 동일할까요?

동물병원의 책임자이든 아니든 리더로서 행동하고 싶다면 잊을 수 없는 순간을 만들 수 있는 요령을 터득해야 합니다.

일상은 우리에게 마음의 평화와 안정감을 주지만, 우리가 더 살아있다고 느끼게 하는 것은 바로 이러한 특별한 순간입니다.

그것이 리더가 하는 일이며, 안정감을 주고 우리 모두가 더 행복해지기 위해 필요한 불꽃을 불러일으키는 것입니다!

이러한 순간을 만드는 법을 배우면 사람들이 내 주변에 있을 때

- 더욱 생생한 느낌을 받을 수 있다는 장점이 있습니다.
- 더 많은 영향력을 발휘할 수 있도록 도와줍니다.
- 이를 통해 더욱 긴밀하고 지속적인 유대 관계를 형성할 수 있습니다.
- 확산능력이 강하고 긍정적인 문화를 조성하는 데 도움이 됩니다.
- 관대함을 유발하는 데 도움이 됩니다.
- 업무에 목적을 부여합니다.
- 더 행복한 업무 환경을 조성합니다.

특별한 순간: 약어 ROCK

그 특별한 순간을 만드는 방법을 배우고 다른 사람들에게 가르치기 위해 저는 ROCK이라는 약어를 만들었습니다:

- 인정의 순간.
- "오, 오, 오, 오…" 순간.
- 연결의 순간.
- *키스*의 순간.

인정받는 순간

기억과 감사의 순간입니다. 일반적으로 일반적인 프로그램의 결과가 아닌 개인적일 때 더 큰 힘을 발휘합니다.

완전히 자발적인 인식의 순간이 있을 수 있지만 프로그램화된 인식의 순간도 있을 수 있습니다.

중요!

자발적인 칭찬은 구체적인 행동에 초점을 맞춰야 합니다. 예: "이런 행동을 하는 걸 봤어요, 잘했어요."

모호한 일반론에 기반한 칭찬은 사람들을 혼란스럽게 하거나 심지어 조작적으로 들릴 수 있으므로 피해야 합니다

자발적 인식의 몇 가지 예입니다:

- 잘 수행된 작업에 대한 개인사무공간에 손글씨로 작성한 메모를 남겨 둡니다.
- 동료를 도와주셔서 감사합니다.
- 공용 구역을 청소하는 동료나 복도에서 오줌을 싸는 개를 볼 때 제스처(미소, 엄지손가락 치켜세우기)를 취합니다.

프로그래밍된 인식의 예:

- 캠페인 종료: 성공적인 캠페인이 끝났을 때(예: 구강 청결 캠페인).
- 기념일: 회사에 입사한 지 1년, 5년, 10년 등이 되었을 때.
- 승진: 승진 또는 승급한 경우.
- 졸업: 졸업장 취득.
- 기사 게시: 기사를 게시하거나 강연 진행.

"오, 오, 오, 오..."의 순간.

위험과 불확실성의 순간은 인생이 우리에게 메시지를 보내고 있다는 것을 알게 되는 순간이며, 이는 훌륭한 학습 경험으로 이어집니다. 이러한 "오, 오, 오, 오"의 순간에는 힘들고 불쾌한 경험이 선행될 수도 있지만 멋진 경험이 선행될 수도 있습니다.

"오, 오, 오... " 하는 순간이 불쾌한 경험으로 이어지는 예입니다:

- 자신이 무언가에 능숙하지 않다는 것을 깨달을 때. 제 경우에는 제 업무가 표준에 미치지 못하기 때문에 외상 환자를 병원에 위임해야 한다는 사실을 깨닫는 데 수년이 걸렸습니다.
- 더 이상 상황을 참을 수 없다는 것을 깨닫고 "그만하면 충분하다"고 말할 때입니다. 예를 들어, 자신의 삶을 비참하게 만드는 직원을 해고하는 경우입니다.
- 예상치 못한 놀라운 *피드백*을 받았을 때. 예를 들어, 마지막으로 병원을 떠난 직원이 당신의 끊임없는 기분 변화와 성장의 기회 부족을 견디지 못해 떠났다는 말을 들었을 때입니다.

즐거운 경험에 앞서 "오, 오, 오" 하는 순간을 예로 들 수 있습니다:

- 처음으로 어려운 수술을 성공적으로 마쳤을 때입니다. 죽어가는 심장 압전이 있는 개에게 처음으로 심낭 천자를 하고 흡인했을 때, 모든 것이 순조롭게 진행되었고 저녁에 병원을 떠날 때 기분이 좋아 하늘을 나는 것 같았습니다.
- 크리스티나가 저에게 어떻게 도와줄 수 있는지 물어봤을 때를 기억하시나요? 그 간단한 순간이 상사의 미흡한 대처와 사람에 대한 신뢰에 대한 제 개념을 완전히 바꿔놓았습니다.
- 직원이 새로운 일에 도전하고 성공적으로 해낼 수 있다고 믿어야 합니다.

"오, 오, 오, 오"의 순간에는 성공을 보장할 수 없습니다. 대가는 현금으로 선불로 지불되기 때문에 "오, 오, 오, 오"입니다. 예를 들어, 상사가 응급 수술을 수행하거나 화난 보호자를 상대하는 데 당신을 신뢰할 수 있습니다. 어떤 일이 일어나든 모두에게 학습 경험이 될 것입니다.

"오, 오, 오" 개념을 설명하는 스토리.

전날 저녁 난소 자궁 절제술을 받은 암컷 마스티프 한 마리가 병원에 도착했습니다. 호흡 곤란, 쇠약, 창백한 점막 증상을 보였습니다. 복부 출혈이 진단되었는데, 아마도 인대가 느슨해졌기 때문일 것입니다.

수술을 집도한 외과의사(리카르도라고 부르겠습니다)는 상사로부터 수술을 위임받은 젊은 수의사입니다. 리카르도는 큰 충격을 받았습니다.

재수술을 준비하기 위해 마스티프에게 수혈을 하는 동안 리카르도는 상사에게 이런 고통을 원하지 않으며 많은 책임이 따르기 때문에 더 이상 수술을 하고 싶지 않다고 말합니다.

리카르도와 그의 상사에게 이것은 "오, 오, 오, 오"의 순간입니다. 리카르도는 도전에 성공하고 잘 해내면 자신감을 많이 얻게 될 것이기 때문입니다. 만약 리카르도가 포기한다면 굳이 수술실에 있지 않아도 자신의 커리어에서 비슷한 도전을 찾지 못할 것이라고 누가 장담할 수 있을까요?

그의 상사는 리카르도를 격려하고 전폭적인 지원을 제공할 수 있으며, 심지어 함께 수술하자고 제안하여 자신감을 심어줄 수도 있습니다. 하지만 상사는 또한 리카르도의 사직서를 수락하고 리카르도가 외과의가 될 수 없을 것이라고 가정할 수도 있습니다.

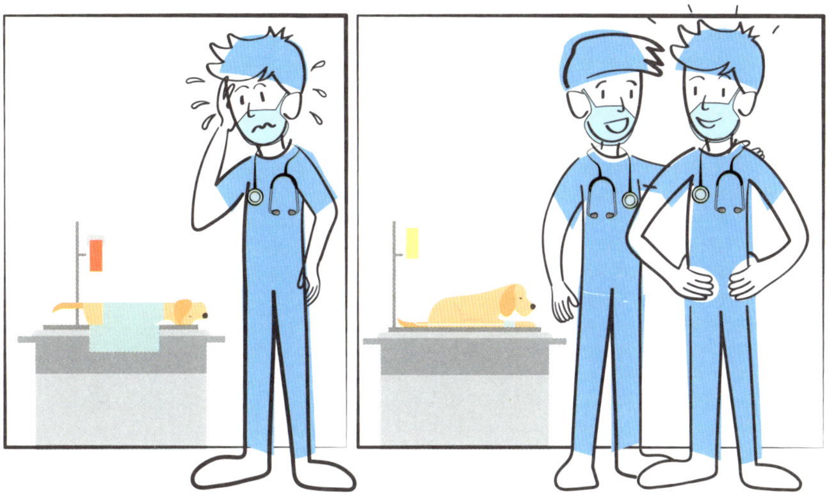

이 스토리는 실제 사건을 바탕으로 합니다. 수의사는 상사의 도움을 받아 재수술을 수행하고 출혈이 있는 난소부위를 찾아 결찰하고 마스티프는 문제없이 회복되었습니다.

리카르도는 훌륭한 외과의가 되었고, 그와 그의 상사 사이에 신뢰 관계가 형성되어 몇 년 후 리카르도가 동물병원의 원장이 되는 데까지 이르렀습니다.

연결의 순간

10달러짜리 지폐 실험을 기억하시나요? 낯선 사람끼리 협상하기 전에 몇 초 동안 유익한 대화를 나눴을 때 결과가 어떻게 달라졌는지 기억하시나요?

인간은 연결하고자 하는 본능이 있습니다.

따라서 자녀, 가족, 날씨, 주말에 한 일이나 할 일에 대해 이야기하는 것은 진부하고 시간 낭비처럼 보일 수 있지만 실제로는 상호 신뢰와 존중의 기초가 됩니다.

이러한 연결의 순간은 때때로 찰나에 지나지 않습니다.

- 진심어린 미소를 지을 때.
- 기쁨으로 인사할 때.
- 정중하게 작별 인사를 할 때.
- 사과할 때.
- 감사 인사를 할 때.

시간이 더 필요할 때도 있습니다.

- 조언을 구할 때.
- 조언을 할 때.
- 섬세한 순간을 함께 나누며 마음의 짐을 내려놓을 때.
- 상대방이 자신의 스토리를 들려 주고 당신과 나누고 당신이 경청하며 존중할 때.
- 서로가 특별한 순간을 공유할 때.

키스 순간

이러한 순간은 매우 쉽게 쌓일 수 있지만 안타깝게도 많은 동물병원에서 간과하는 경우가 많습니다. 포옹, 키스, 눈물이 나오는 순간을 간과해서는 안 됩니다.

이러한 순간을 몇 가지 예로 들어보겠습니다:

- 생일.
- 자녀의 출생.
- 결혼식.
- 동물병원에 복귀하는 전 멤버들을 환영할 때.
- 작별.
- 애도와 슬픔의 순간.

잊을 수없는 순간을 만들기 위해 제안된 모든 아이디어를 구현하는 것은 매우 어려울 것임을 명심하십시오. 중요한 것은 동물병원에서 여러분의 위치에 관계없이 잊을 수 없는 순간을 만들 수 있다는 것입니다. 리더로서 성장하고 영향력을 발휘할 수 있는 방법이 있습니다. 주변 사람들의 마음을 사로잡을 수 있습니다.

관대함의 중요성과 직업적 및 개인적 성공을 위한 목적

펜실베이니아 대학교 워튼 스쿨의 심리학자이자 교수인 아담 그랜트는 10년 이상 조직에서 관대함이 미치는 영향에 대해 연구한 끝에 얻은 결론을 담은 '*기브 앤 테이크*'라는 멋진 책을 썼습니다.

그는 엔지니어, 의대생, 세일즈맨을 대상으로 다양한 연구를 통해 데이터를 수집했습니다. 그리고 그는 모든 경우에 다음과 같은 결과가 나타난다는 것을 확인했습니다: 일상적인 상호작용에서 사람들은 세 가지 프로필 사이 어딘가에 속하는 경향이 있습니다:

- **관대함**: 대가를 바라지 않고 베푸는 경우.
- **평등주의자**: 공정한 방법으로 무언가를 대가로 구하는 경우.
- **이익 추구형**: 다른 사람을 너무 중요하게 생각하지 않고 자신의 이익을 극대화하려고 할 때입니다.

이러한 프로필은 개인을 정의하는 것이 아니라 특정 시점의 행동을 정의한다는 점에 유의하는 것이 중요합니다.

예를 들어, 자녀와 사랑하는 사람에게 관대할 수 있고, 근무 시간 재조정을 협상하는 동료에게 관대할 수 있으며, 집 매각을 협상하는 낯선 사람에게도 관대할 수 있습니다.

아담 그랜트는 그의 연구에서 관대함이 성공의 사다리에서 최하위에 있다는 사실에 실망했습니다. 관대함 테스트에서 높은 점수를 받은 엔지니어들은 수행한 작업 수, 보고서 수, 그리고 납품된 도면에서 가장 최악이었습니다. 또한 오류를 범한 횟수, 늦게 제출한 횟수, 자원을 소비한 비율도 가장 높았습니다. 의대생도 마찬가지였는데, 가장 낮은 점수를 받은 학생들은 "나는 다른 사람을 돕는 것을 좋아한다" 또는 "나는 나보다 다른 사람의 필요를 우선시한다"와 같은 문구를 사용하는 비율이 비정상적으로 높았습니다.

즉, 이들은 시험 시간에도 자신이 알고 있는 정보를 공유하는 데 소중한 시간을 보냈습니다. 관대함 척도에서 높은 점수를 받은 영업사원은 평균 2.5배 더 적게 판매했으며, 정보를 공유받은 사람에 비해 수입이 14% 더 적었다는 조사 결과도 있습니다.

모든 분야에서 관대한 사람들은 지나치게 세심하고 신뢰하며 타인의 이익을 위해 자신의 이익을 기꺼이 희생하는 것처럼 보였습니다.

성공의 사다리의 다음 단계에는 수익 창출자들이 있었습니다. 어떻게 보면 업보가 있고 그 업보를 저지른 사람이 그 대가를 치른다고 생각하면 안심이 됩니다. 다른 사람들을 희생시키면서 빠르게 출세한 소위 '깡패'들은 결국 대가를 치렀고, 사람들은 그들을 더 이상 신뢰하지 않고 소문을 퍼뜨려 그들의 비윤리적인 행동으로부터 스스로를 보호했습니다.

다음 단계는 동등하게 하는 사람이었습니다. 다음과 같이 보였습니다. 그들은 항상 명확한 합의를 추구하기 때문에 이득이 없고, 또한 이를 이용하려고 하지도 않습니다. 그들은 서로 *윈윈할 수 있는* 합의를 찾고 있다고 말할 수 있습니다.

이 연구에서 놀라운 점은 예상치 못하게 성공 사다리의 맨 꼭대기에서 다른 사람들과는 거리가 먼 그룹이 나타났다는 것입니다. 누구일까요? 관대하지만 다른 종류의 관대함을 가진 사람들입니다. 그들은 항상 상호작용을 통해 기대 이상의 것을 돕고 베풀 수 있습니다.

이들은 다른 사람의 삶에 긍정적인 영향을 끼친다는 기쁨을 삶의 철학으로 삼고 기부를 실천합니다. 하지만 다른 유형의 기부자들과는 달리 그들은 한계를 설정하는 방법을 알고 있었습니다.

이득을 취하는 사람을 발견해도 여전히 관대했지만 두 번 이상은 아니었습니다. 상대방이 같은 방식으로 행동하지 않는 것을 확인하면 그와의 거래를 중단하거나, 꼭 거래해야 하는 경우에는 평등하게 행동하여 자신을 보호했습니다.

그런데 이런 관대한 사람들이 또 다른 관대한 사람들을 끌어들였으니, 이보다 더 유익한 협업을 상상할 수 있을까요?

또한 그것은 동일시하려는 사람들을 끌어들였는데, 이들은 그 관대함에 맞추고자 하는 영향에 이끌렸습니다.

가장 놀라운 점은, 동일시하려는 사람들이 관대한 사람들을 이용당하지 않도록 보호했다는 것입니다.

이 스토리에서 무엇을 배울 수 있을까요? 관대함은 리더십을 향상하고 업무 환경에 풍요로운 문화를 조성하는 데 도움이 됩니다.

관대함을 향상시키기 위한 팁

- 말을 줄이고 더 많이 물어보세요.
- 더 많은 질문을 하고 개방형 질문을 하는 방법을 배워보세요.
- 호기심을 가지고 들어보세요.
- 우유 1,000리터, 사료 1,000 kg, 반려동물을 후원하는 관대한 프로젝트를 시작하세요.
- 이타적인 프로젝트에 참여하세요.

- 전문 협회, NGO, TEDx 그룹 등에 가입하세요.
- 다른 사람을 가장 잘 도울 수 있는 방법을 알아보고 그 재능을 활용해 다른 사람에게 봉사하세요.
- 지식 공유, *피드백*, *멘토링*, *코칭*, 문제 해결, 다른 사람의 저작물을 인정하는 방법 찾기, 사람들 연결하기 등을 해보세요.
- 다른 사람에게 도움을 요청하세요. 다른 사람이 관대해지기를 원한다면, 가장 쉬운 방법 중 하나는 그들에게 무언가를 요청하는 것입니다.

> *"다른 사람을 도울 때 도움을 요청하여 호혜의 불꽃을 일으키세요. 대가를 바란다는 생각 없이 아낌없이 도움을 주되, 필요한 것이 무엇인지 자주 물어보세요."*
>
> 웨인 및 셰릴 베이커

다양한 관대함의 스타일과 이를 적용하는 방법

다음은 다양한 관대함의 스타일과 이를 적용하는 방법의 예입니다:

- **지식 공유**: 내가 배운 것을 공유하여 동료들을 돕습니다. 책을 읽고, 강좌에 참석하는 등의 방법으로 배우세요.
- ***멘토링***: 선배 수의사에게 멘토를 요청하세요. 웨인과 셰릴 베이커의 말을 기억하세요(위 참조).
- **문제 해결**: 곤경에 처한 사람을 볼 때마다 도와줄 수 있는지 물어보고 허락을 받으면 반드시 행동에 옮기세요.
- **사람 연결**: 내가 할 수 없는 일이지만 할 수 있는 사람을 알고 있을 수도 있습니다. 예를 들어, 동물병원 내에서 더 경험이 많은 사람이나 외부 전문가에게 케이스를 의뢰할 수 있습니다.
- ***피드백* 받기 및 주기**: 피드백을 요청하는 것부터 시작하여 다음과 같은 방법을 시도해 보세요. 방어적인 태도를 취하지 마시고 하세요. 그런 다음 *피드백*을 제공해야 더 많은 공감을 얻을 수 있습니다.
- **다른 사람의 업적을 축하하는 방법 찾기**: '존중하는 명예'. 칭찬이 구체적이고 자세한 행동에 대한 것이어야 합니다.
- **사용 가능**: 어려운 시기를 겪고 있는 보호자 또는 회사에 연락처를 제공하세요.

*기브 앤 테이크*에서 얻은 몇 가지 팁을 마지막으로 소개합니다:

- 올바른 어항 선택: 자신이 근무하는 동물병원의 문화를 읽고 그곳이 자신에게 적합한 장소인지 확인하세요. 상어로 가득 찬 동물병원은 눈 깜짝할 사이에 넉넉한 미끼를 먹어치울 것입니다.
- 먼저 협력하고 돕는 것, 즉 솔선수범하는 것이 바로 리더십입니다.
- 너무 관대하게 굴지 마세요. 무임승차자로부터 자신을 보호하는 것은 한두 번이면 충분합니다. 그 이후부터는 이용당할 경우 한도를 설정하거나 거래를 하지 마세요.
- 열심히 일하고 그것이 드러나도록 하세요: 이는 큰 소리로 설교하는 것이 아니라, 공짜로 일하는 사람이 자신의 일에 대해 과분한 인정을 받지 않도록 하라는 의미입니다.
- 장기적으로 생각하고 다른 사람들을 도와주세요: 관대함을 베풀다 보면 초기 경력에 약간의 좌절이 있을 수 있습니다. 인내심을 가지면 장기적으로 좋은 결과를 얻을 수 있습니다.
- 실수 없이 배울 수 있는 사람은 아무도 없으며, 더 관대해지는 법을 배우는 것도 마찬가지입니다.

열정과 목적

일에 대한 열정과 목적의식이 높은 사람들은 '내가 직장에서 하는 일은 돈을 버는 것 이상으로 사회에 큰 기여를 하는 것'이라고 생각합니다. 하지만 열정과 목적의식 중 무엇이 직장에서의 성과와 성공에 더 큰 영향을 미칠까요?

열정: 일에 대한 열정과 흥분.

목적: 기여하고, 다른 사람에게 영향을 미치며, 업무에 더 큰 의미가 있다는 느낌입니다.

무엇이 일과 성공에 가장 큰 영향을 미치는지 보여주는 연구: 아담 그랜트는 이 질문에 답하기 위해 미국의 전문 인명구조원 32명을 대상으로 연구를 진행했습니다. 그는 이들을 두 그룹으로 나누었습니다:

- '열정' 그룹이라고 부를 1그룹에서는 다른 응급 구조대원들이 업무에서 습득한 기술을 통해 어떤 이점을 얻었는지에 대한 네 가지 스토리를 들었습니다. 예를 들어, 악천후 속에서도 힘든 훈련을 한 것이 업무의 스트레스를 극복하고 프로젝트가 잘못되어도 포기하지 않는 데 도움이 되었다는 것입니다.
- '목적'이라고 부를 2그룹에서는 익사자를 구조하는 다른 구조대원들에 대한 네 가지 스토리를 들었습니다.

가장 큰 영향을 미친 것: '목적' 그룹의 인명구조원 중 43% 더 많은 인원이 다음 주에 더 많은 시간을 봉사하겠다고 자원했습니다.

하지만 더 있습니다. 각자가 어떤 스토리를 들었는지 모르는 슈퍼바이저들에게 다음 주에 도움을 주는 태도(도움을 주는 태도 = 다른 사람에게 혜택을 주기 위해 취한 행동)를 평가하도록 요청했을 때, '목적' 그룹이 21% 더 도움이 되었다고 평가했습니다.

공감과 관용의 힘에 대한 마지막 사례로 이스라엘에서 전문 영상의학 전문의에게 100개의 MRI 스캔을 평가하도록 요청하는 실험을 실시했습니다. 3개월 후, 동일한 MRI 스캔을 평가해 달라는 요청을 받았지만 이번에는 환자의 사진이 포함되었습니다.

중요한 변화가 있었나요? 그 결과 일부 방사선과 전문의는 원래 검사가 의뢰된 주요 원인과 관련이 없는 이상 소견을 53% 더 발견할 수 있었습니다. 주요 진단 소견의 80%는 환자의 사진을 보고 내린 결정이었습니다.

이러한 연구 결과에서 알 수 있듯이, 공감을 느끼고 자신의 업무가 가져다주는 즐거움뿐만 아니라 환자, 보호자, 동료 등의 삶에 미치는 긍정적인 영향에 대해서도 가치가 있다는 것을 알면 더 성공적으로 일할 수 있습니다.

요약

동물병원에서 어떤 직책을 맡게 되든, 여러분이 최고의 모습을 보이고 주변 사람들도 똑같이 할 수 있도록 도와주는 데 도움이 되는 몇 가지 포인트가 있습니다:

- 비전, 사명, 가치를 명심하세요. 그것들은 여러분에게 정말 중요한 것에 집중할 수 있도록 도와주는 나침반이 될 것입니다.
- 스토리텔링과 설명을 풍부하게 해주는 사진을 통해 커뮤니케이션을 하고, 메시지를 강력하게 전달하세요.
- 주변 사람들에게 잊지 못할 순간을 선사하세요.
- 항상 예상보다 더 많이 기부할 수 있는 방법을 찾아보세요.
- 모든 것의 근원으로 돌아가서, 여러분의 일로 많은 환자와 그 가족, 그리고 많은 동료의 삶을 밝게 한다는 팩트를 아는 것보다 더 가치 있는 일은 없다는 것을 잊지 마세요.

추천 참고 문헌

1. Buster B. *Do Story: How to tell your story so the world listens.* Chronicle Books, 2017.
2. Díaz MA. *7 claves para dirigir con éxito la clínica veterinaria*. Editorial Servet-Grupo Asís, 2015.
3. Grant A. *Give and Take*. Weindenfeld & Nicolson, 2013.
4. Heath C, Heath D. *The Power of Moments*. Penguin Random House, 2017.
5. Holland C. *Draw a Better Business*. Practical Inspiration Publishing, 2018.
6. Roam D. *The Back of the Napkin*. Penguin Books, 2009.

수의사를 위한
동물병원 경영 바이블
35개국 수의사들의 실전 성공 노하우 **GESTIÓN** DE CLÍNICAS VETERINARIAS

초판 1쇄 2025년 2월 20일

지 은 이 Pere Mercader, Miguel Ángel Díaz
대표역자 현창백
펴 낸 이 유성권
편 집 장 이재선
기 획 자 이경민
마 케 팅 김호철, 최성규, 김진형, 정명한, 김모란, 노예련, 한태수, 임예설, 김지현, 김채환, 박수경
사 이 즈 188 × 257 mm

펴 낸 곳 범문에듀케이션
주 소 서울특별시 양천구 목동서로 211 범문빌딩 (우 07995)
전 화 02)2654-5131 팩 스 02)2652-1500
홈페이지 www.medicalplus.co.kr

등 록 제 2011-000001호
ISBN 979-11-5943-467-9 (93520)

편집 · 디자인 (주)우일미디어디지텍

* 잘못된 책은 교환하여 드립니다.